SHODENSHA SHINSHO

国家はいつも嘘をつく

――日本国民を欺く9のペテン

植草一秀

JN203395

祥伝社新書

序

国家権力は美辞麗句に言い換える

■前言撤回①——消費税とTPP

２０１７年２月17日の衆院予算委員会で安倍晋三《あべしんぞう》首相は、森友《もりとも》学園への国有地不正払い下げ疑惑について、こう述べた。

「私や妻が関係していたということになれば、それはもう、まさに私は、それはもう、間違いなく総理大臣も国会議員も辞《や》めるということははっきりと申し上げておきたい」

その１年半後、２０１８年９月14日の自民党総裁選公開討論会では、当の安倍首相が、「私の妻や私の友人が関わってきたことでございますから、国民の皆様が、疑念を持つ、疑惑の気持ちを持たれるというのは当然のことなんだろうと、このように思っております」と語った。

安倍首相自身が、自分の口で「私の妻や友人が関わった」ことを明言した。２０１７年の発言と引き合わせてみると、「間違いなく総理大臣も国会議員も辞める」ことになるのではないか。これが常識人の判断だろう。しかし、安倍首相は違う。10月24日の所信表明演説で、「私もまた、次の3年、国民の皆様とともに新しい国創《くにづく》りに挑戦する」と言い切った。総理大臣を辞めるのではなく、あと3年やると宣言したのである。

安倍首相は２０１４年11月18日の総理大臣記者会見で、消費税増税延期を発表している。

「来年（２０１５年）10月の引き上げを18カ月延期し、そして18カ月後、さらに延期するのではないかといった声があります。ふたたび延期することはない。ここで皆さんにはっきりとそう断言いたします」

さらにこう付け加えた。「平成29年４月の引き上げについては、景気判断条項を付すことなく確実に実施いたします。３年間、（アベノミクスの）三本の矢をさらに前に進めることにより、必ずやその経済状況をつくり出すことができる。私はそう決意しています」

ところが、２０１６年６月１日、安倍首相は２０１７年４月の消費税増税について改めて語った。

「そうした中で、内需を腰折れさせかねない消費税率の引上げは延期すべきである。そう判断いたしました」

「今回、『再延期する』という私の判断は、これまでのお約束とは異なる『新しい判断』であります」

こう述べた上で、「信なくば立たず。国民の信頼と協力なくして、政治は成り立ちません」と付け加えた。

立身出世する人は、さすがに良識ある市民とはまったく異なる行動原理を備えているのだと感心している場合ではない。安倍首相は「信なくば立たず」の意味さえ理解していないように見える。

2012年12月の総選挙では、安倍自民党が「TPP断固反対」と大書きしたポスターを貼りめぐらせた。しかし、選挙から3カ月経《た》たぬ2013年3月15日、安倍首相は記者会見でこう述べている。

「本日、TPP・環太平洋パートナーシップ協定に向けた交渉に参加する決断をいたしました」

このことについて、2016年4月の衆院TPP特別委員会で民進党議員から「かつては断固反対と言っていたTPPに活路を見出そうとしているのではないか」と質問されると、安倍首相はこう反論した。

「私自身は、TPP断固反対と言ったことは一回も、ただの一回もございませんから。まるで私が言ったかのごとくのですね、発言は慎《つつし》んでいただきたい」

前言撤回②——トリクルダウンと拉致問題

安倍内閣が掲げてきた「トリクルダウン理論」（富裕層や大企業を優遇することで、富が国民全体に浸透するという仮説）について、甘利《あまり》明《あきら》経財相は、2014年11月24日の記者会見で次のように発言している。

「トリクルダウンがまだ弱いということです。だから、トリクルダウンを強くする。あるいは『ないんだ』ではなくて、収益を上げたところから還元していかないと、儲かっている人がため込んでいるだけで、一切外に出しませんと言ったら、経済の回復などあり得ない。だから、トリクルダウンを速くするという課題や、実質賃金ができるだけ早くプラスになるようにしていくなど、そういう課題が残っている」

同じ2014年3月の衆院本会議で、麻生太郎《あそうたろう》財務相は次のように答弁している。

「いわゆるトリクルダウン論、滴《しずく》が落ちてくるトリクルダウン論についてのお尋ねがありました。現内閣は、企業収益の拡大が賃金の上昇や雇用の拡大につながり、消費の拡大や投資の増加を通じて、さらなる企業収益の拡大に結びつくという経済の好循環の実現を目指しております」

安倍内閣は、まさにこの意味でのトリクルダウン理論に乗って政策を推進してきたはずだが、実際には大企業の利益だけが拡大して、労働者の賃金水準が減少し続けるという現実が発生してきた。トリクルダウン理論は事実上の破綻《はたん》を示したと言える。だが、このことを背景に安倍首相はトリクルダウン理論について、２０１８年９月の自民党総裁選討論会で石破茂《いしばしげる》氏に対してこう述べた。

「安倍政権の政策はトリクルダウンだと言われましたが、私は一度もそんなことは言ったことはありません」

また、安倍首相は２０１６年９月に開かれた北朝鮮による拉致《らち》被害者の早期救出を訴える国民大集会で、「拉致問題は安倍内閣で解決するとの立場にいささかも変わりはない」と述べている。

しかし、自民党総裁選討論会では、「拉致問題を解決できるのは安倍政権だけだと、私が言ったことはございません」と発言した。たしかに「だけ」とは言っていないかもしれないが、「安倍内閣で解決する」とは繰り返し明言してきている。こうして前言を否定するのは、拉致問題の解決が難しいと判断して、自分の過去の発言から遠ざかろうとしているようにしか見えない。

印象操作のための言い換え

言葉を修正もしくは否定、撤回するのは、政治家と官僚、すなわち行政の常套《じょうとう》手段だ。だが安倍内閣に至っては、これに「言い換え」が加わる。たとえば――。

「戦争法制」を「平和・安全法制」に。
「共謀罪」を「テロ等準備罪」に。
「働かせ方改悪」を「働き方改革」に。

言葉を言い換えることによって内容に対する印象を変えて、これを押し通す。安倍首相がお気に入りの「印象操作」が展開され続けてきた。そして、この言い換えられた言葉を、政治権力と癒着するメディアが、常に枕詞《まくらことば》として使用する。「嘘も100回言えば真実になる」というフレーズがあるが、これを忠実に実践する行動がとられている。

2013年9月のIOC総会で、五輪東京招致を求めて安倍首相は「フクシマについて、お案じの向きには、私から保証をいたします。状況は、統御されています」、「汚染水による影響は、福島第一原発の港湾内の、0・3平方キロメートルの範囲内で完全にブロックされています」と述べたが、これも真っ赤な嘘だった。

安倍首相は、二度目となる自民党総裁就任後に臨んだ２０１２年12月の総選挙で「日本を、取り戻す」のスローガンを掲げた。しかし、この言葉には主語がない。主語によって意味はまったく異なるものになる。安倍氏の念頭にあった主語は、「米国が」であったことが、その後の政策運営で明らかになっている。

「成長戦略」の言葉も「誰の」「何の」成長であるのかを示していない。実態は「ハゲタカ資本の利益の」成長を目指すものであることが、その後の政策運営によって判明した。重要な部分を示さず、聞く者が錯覚を起こすことが目論まれているのだと考えられる。市民は「自分たちが日本を取り戻す」のだと錯覚する。成長するのは「自分の所得」、「自分の幸福」だと錯覚する。真実が判明して市民が詰め寄っても、安倍首相は「私は一度もそんなことは言ったことがありません」と反論するに違いない。

これは安倍政治に限られることではない。今後の政治においても、同じ行動が繰り返されるリスクは多分にある。だから私たちは、「国家はいつも嘘をつく」ことを、肝《きも》に銘《めい》じなければならない。その上で、国家の嘘に騙されないようにしなければならない。騙されないためには、騙しの手口を十分に知ることが必要だ。国家はどのような手口で私たちを騙してきたのか。その事実をしっかりと検証することが、国家権力による詐欺被害から身を守る術《すべ》になる。

これから一緒に「国家の嘘」への旅をすることにしよう。

目次

1章

日本経済は「大本営発表」

No.① 「アベノミクス」の嘘

■木を見て森を見ない

アベノミクスは金融緩和＝インフレ誘導、財政出動、成長戦略を三つの柱としてきた。俗にいう「三本の矢」である。しかし、この「三本の矢」は主権者国民に、実は災厄《さいやく》しかもたらしていない。

第二次安倍内閣が発足してから6年の時間が経過しようとしている。この間の日本経済の変化について、順調に推移しているかのように安倍内閣が説明しているが、これも嘘である。

安倍首相がいくら口先で「アベノミクスで経済は良くなっている」というデタラメを流布しても、客観的な統計数値が、首相発言の「嘘」を明白にしている。

小池百合子《こいけゆりこ》東京都知事は２０１７年10月の総選挙に際して、

「アベノミクスによって、日本経済は数字の上では良くなっているのかもしれないが、実感がない」

と発言していたが、このような事実誤認の発言が市民の間違った印象形成に影響を与える。これも、巧妙な「印象操作」の一環であるかもしれない。

日本経済は実感だけでなく、数字の上でも著《いちじる》しく悪くなっているのである。

メディアが「アベノミクスは成功した」かのような報道を展開し続けてきたから、その情報操作に市民の多くが洗脳されてしまってきたが、日本経済が低迷し続けているというのが本当の実態である。

とはいえ、ものごとには必ず表と裏があり、陽の側面があれば、その裏側に必ず陰の側面があるから、何から何まで、すべてが真っ暗闇というわけではない。無数に存在する経済指標、経済統計のなかには、「改善した」と表現できるものがあるのは事実であり、安倍内閣は、その「改善した」と言えるものだけを集めて、それだけを繰り返しアピールし続けてきた。

安倍首相の言葉は広告代理店の言葉だ、とよく言われる。広告代理店は商品の良いことだけを強調して宣伝し続ける。ネガティブな側面には絶対に触れない。徹底している。本当に自信のある人は、自虐の言葉を平気で用いる。その理由は、自信があるからだ。「この点は反省すべきだが、こちらに誇れるものがあるのだ」という、堂々とした態度を示す。

しかし、小心な者は決してそのようなまねをしない。アピールできることだけを、何度でも繰り返して懸命にアピールする一方で、反省するべき点、うまくいっていない点については、絶対にこれを口外しない。この点で安倍首相は筋金入《すじがね》りであると評価できる。

安倍首相が繰り返してきた「アピールできる事項」というのは、以下の五点に要約できると思う。

1. 雇用者数が増えた、有効求人倍率が上がった
2. 名目GDPが（2013年の503兆円から2017年は547兆円に）増えた
3. 企業利益が増えた
4. 株価が上昇した
5. 外国人訪日者が増えた

これらは事実である。一概に悪いこととは言えない。とりわけ、雇用者が増えたとか、有効求人倍率が上昇した事実は、一般的に人々の受けが良い事項である。労働者である市民にとって、雇用に関わる状況はとても関心が高いのだ。学生にとっては、就職にかかる

情勢、環境が非常に重要だ。若年層で安倍内閣の支持率が高い傾向があると見られているが、就職内定率などの数値が改善していることが強く影響しているのだと思われる。

この意味で、アベノミクスが全滅であると言うつもりはない。政策評価には客観性と公正性が求められるから、改善したと表現できる数値が存在することについては、これを偽《いつわ》りなく認定しておきたいと思う。

重要なことは、経済運営全体の結果を、全体として正確に捉えることである。枝葉の一部に優良な部分があっても、肝心の幹や根の部分が腐っていたのでは、全体を高く評価することはできない。木を見て森を見ずということにならぬよう、日本経済全体という森がどう変化したのかを正確に評価しなければならない。

大学の入試に喩《たと》えれば、最終的に合格できたのかどうかが重要である。裏口入学は言語道断として、「試験のあの問題が解けた」と威張ってみせても、不合格になったのでは、胸は張れないということだ。

増える非正規労働者

雇用者数が増加し、有効求人倍率が上昇したのは悪いことではないが、これだけで手放しの賞賛をするべきではない。

日本の雇用者数は、２０１３年１月の５５１３万人から２０１８年１月の５８８０万人へと３６７万人増加した。しかし、**増加した雇用者数の内訳を見ると、正規労働者の比率は26・３%で、非正規労働者が73・７%を占めている**。雇用者数が増えたのは事実なのだが、増加した雇用者の４人に３人は非正規労働者なのだ。

４人に１人でも正規労働者が増えたからいいではないかとの声も出てきそうだが、いま日本でもっとも深刻な労働市場の問題は「格差拡大」である。ほんの一握りの、大企業の正規労働者の処遇は良いのだが、圧倒的多数の、それ以外の労働者の処遇、労働条件が著しく悪い。正規労働者でも大企業の正規労働者と中小零細企業の正規労働者とでは著しい差がある。

労働力調査によれば、２０１７年の役員を除く雇用者５４６０万人のうち、正規労働者が３４２３万人、非正規労働者が２０３６万人である。構成比では正規労働者が62・７%、非正規労働者が37・３%である。したがって、増加した雇用者のうち、63%が正規で、37%が非正規であって、かろうじて正規労働者の比率は低下しない。ところが、現実には増加した雇用者の74%が非正規で、正規労働者はわずか26%に過ぎない。つまり、雇用者全体に占める非正規労働者の比率が急激に、ますます上昇しているのである。

経済運営の実績を評価するうえで根幹となる二つの指標は、実質ＧＤＰと実質賃金の変化である。実質ＧＤＰというのは、国全体として、ある一定期間に生み出した生産物＝付加価値がどれだけかを示すものだ。その変化率を示すものが経済成長率である。一国の経済活動全体のパフォーマンスを評価するには実質ＧＤＰの変化を見ることが基軸になる。

他方、労働者である市民にとって最重要の経済指標は実質賃金の変化だ。市民生活は労働の対価である賃金所得によって支えられているが、その賃金所得の実質的な価値はインフレ率を差し引いた実質賃金の変化によって決定されるからだ。この「根幹の」経済指標の実績については次節で考察する。

数値が明らかにする経済政策の失敗

アベノミクス第一の矢は「金融緩和」。

この金融緩和はインフレ誘導を目指して行なわれたが、インフレは実現しなかった。インフレは大資本の利益を増大させるが、一般の市民＝主権者国民には「百害あって一利なし」の現象である。安倍内閣はインフレ誘導の看板を掲げたにもかかわらず、その実現はできなかった。インフレ誘導は失敗に終わったのである。しかし、市民にとって、このアベノミクス失敗は朗報だった。「百害あって一利のない」インフレが現実のものにならずに済んだからだ。

アベノミクス第二の矢は「財政出動」だった。安倍内閣は、2014年に消費税増税を強行して日本経済を撃墜《げきつい》してしまった。結局のところ、「財政出動」を実行したのは、第二次安倍内閣が発足した直後の2013年度だけだったのだ。2014年度は消費税増税という激烈な政策逆噴射を財政政策で実行して、日本経済を撃墜してしまったのである。

支離滅裂なアベノミクスを、筆者は「アベコベノミクス」と表現してきた。

アベノミクス第三の矢は「成長戦略」である。財政金融政策は経済政策の基本であり、元来、特別な名称を付す必要のあるものでない。後述するように、アベノミクスの核心は「成長戦略」にあり、この耳に心地よく聞こえる「成長戦略」が、普通の人々の生活、そして健康と命を着実に蝕《むしば》みつつある。アベノミクスの評価の核心部分は、この「成長戦略」の評価ということになる。

「成長戦略」と表現する、その「成長」とは、「誰の」、そして「何の」成長であるのか。

この点を明確にせずに、言葉の響きに流されては大きな間違いを犯すことになってしまう。「岩盤規制にドリルで穴を開ける」、「規制撤廃」などの美辞麗句に騙されてはいけない。一般市民は生存さえ許されない生き地獄に引き込まれてしまう危険がある。

経済推移のパフォーマンスを測る第一の尺度は、実質経済成長率である。「もはや経済成長を追求する時代ではない」の声があるのは事実だが、その価値判断を横に置くなら、経済全体が発展したのかどうかを測る尺度が実質経済成長率であることに異論はないだろう。

その実質経済成長という尺度で第二次安倍内閣発足後の日本経済を評価すると、悪い評点しかつけられない。四半期ごとに発表される実質GDP成長率では、第二次安倍内閣発足後の平均値は＋1・4％である。これは直前の民主党政権時代の実質GDP成長率（平均値＋1・7％）を大幅に下回る。

民主党政権時代の日本経済は、東日本大震災やフクシマ原発事故などの影響もあって、極めて低迷していた。その低迷していた民主党政権時代よりも、第二次安倍内閣発足後のほうが、はるかに悪いパフォーマンスを示している。日本経済全体の発展という視点から見て、アベノミクスが失敗していることは明らかだ。全体としての経済政策の評価は、優、良、可、不可の「不可」にあたる。

他方、労働者である市民にとって最重要の経済指標である実質賃金はどのような変化を示したのだろうか。**一人あたりの実質賃金指数は、民主党政権時代はほぼ横ばいで推移したが、第二次安倍内閣発足後に約5%減少した。**一人一人の市民にとって最重要の経済指標は実質賃金指数の変化であるが、この数値が最悪の推移を示したのである。

圧倒的多数の国民は労働者として働いて生活の糧《かて》＝賃金を得ている。この「普通の人々」にとって最重要の経済指標は、実質賃金とその変化なのだ。実質というのは、物価変動の影響を取り除いたものである。賃金が5％増えたのに物価が7％上がってしまえば、実質的に賃金は2％減ってしまう。逆に賃金はまったく増えなくても、物価が3％下がれば実質的に賃金は3％増える。

デフレが悪の権化《ごんげ》のように言われてきた。しかしこれは、まったくの誤りだ。賃金が増えず、年金が増えないご時世では、物価下落＝デフレこそ救いの神と言える。デフレの時代、賃金労働者と年金生活者は物価下落で大いに助けられた。賃金も年金も増えないのに、物価だけが上昇するなど、悪夢以外の何者でもない。

安倍首相は、失業率が下がり、雇用者が増えて、有効求人倍率が上がったと自画自賛し

実質ＧＤＰ成長率の推移

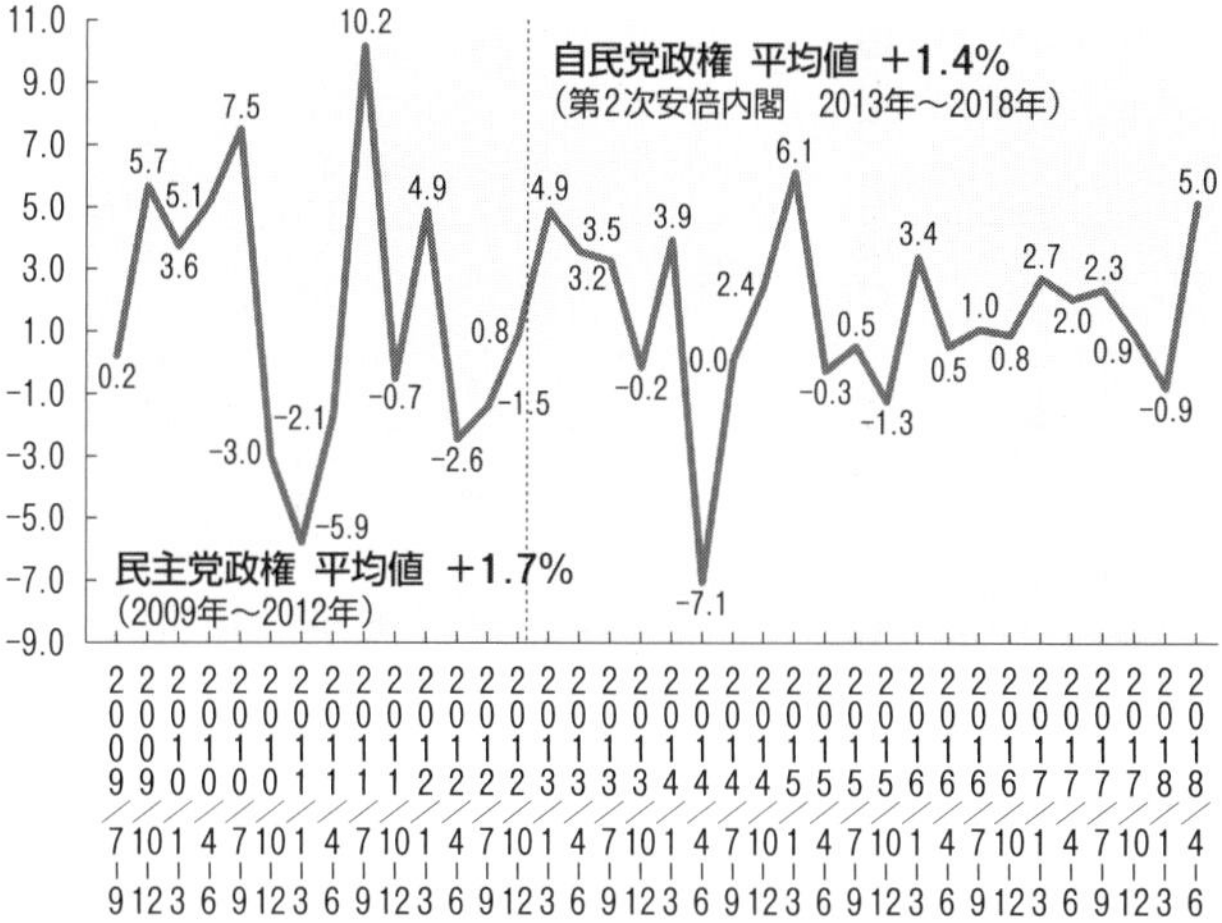

民主党政権時代は東日本大震災や緊縮財政の影響で経済停滞が深刻だったが、安倍政権下の実質ＧＤＰ成長率は民主党政権時代を下回っている（実質ＧＤＰ成長率は四半期ごとの対前年比。年率）

政権（内閣）別に見た実質賃金

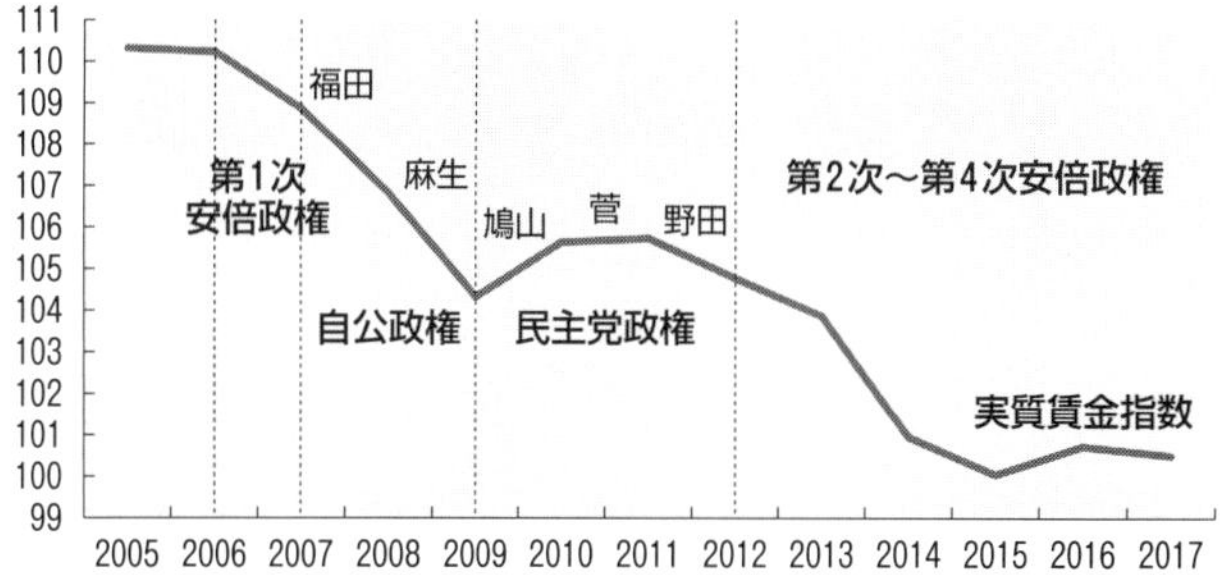

労働者１人当たりの実質賃金は減少し続けている。民主党政権時代だけは横ばいに推移したが、第２次以降の安倍政権下で約５％の大幅減少が生じている（グラフ上の人名は首相）

ているが、経済全体が低調ななかで、経済活動の成果＝果実であるＧＤＰを資本と労働で分け合う際に、資本の取り分、大企業収益だけが拡大して労働者の取り分が大幅に減ってきた。つまり労働分配率が低下するなかで、その減った労働者全体の所得を分け合わなければならない人数だけが増えたのである。

全体の所得が減って、その減った所得を分け合わなければならない人数だけが増えるのだから、一人当たりの所得は大きく減少せざるを得ない。雇用者が増えた、失業率が下がった、有効求人倍率が上がったことだけが強調されると、経済運営がうまくいっているとの錯覚が生じやすいが、その裏側の減少として、一人当たりの所得が大幅に減少しているのである。自慢するような話ではない。

■ＧＤＰの罠《わな》と「いかさま景気」

また、安倍首相は日本の名目ＧＤＰが２０１３年の５０３兆円から２０１７年の５４７兆円に増えたことを強調する。「ＧＤＰが、なんと43兆円も増えたんですよ！」と繰り返し耳に吹き込まれると、小池百合子氏のように、「統計の上ではたしかに良くなっているのかもしれないが」との認識に陥《おちい》ってしまう。

しかし、大事なのは名目ＧＤＰではなく実質ＧＤＰである。物価が上がって数字がかさ上げされたところで何の意味もない。その実質ＧＤＰの変化である実質成長率において、安倍内閣の成績は、お世辞にも好成績とは言えなかった超低迷の民主党政権時代の成績をはるかに下回っているのだ。

さらに言えば、名目ＧＤＰは２００７年に５３２兆円だったものが２００９年の４９０兆円へと、たった2年で42兆円も急減してしまった。これは安倍内閣、福田《ふくだ》内閣、麻生内閣の時代のことである。自民党政権下で激減した名目ＧＤＰが、２０１５年にようやく２００７年の水準に戻っただけであり、これも自慢話のネタになる代物でない。

さらに、景気の足取りを正確に示すことで定評のある鉱工業生産指数の推移を見てみよう。指数の推移を見ると、日本経済が２０１４年1月から２０１６年5月までの約2年半の間、景気調整局面を経過したことが分かる。安倍内閣は日本経済が２０１２年11月から景気回復を持続し続けているとして、その回復持続期間が「いざなぎ景気」の57カ月を超えて、戦後2番目の長さを記録しているとアピールしている。安倍内閣の広報機関に堕《だ》しているといわれるＮＨＫは「いざなぎ超え」などの表現を用いて、安倍内閣の宣伝を展開してきた。しかし、この話も嘘、フェイクニュースというべきものだ。

「いざなぎ超え」などしていない

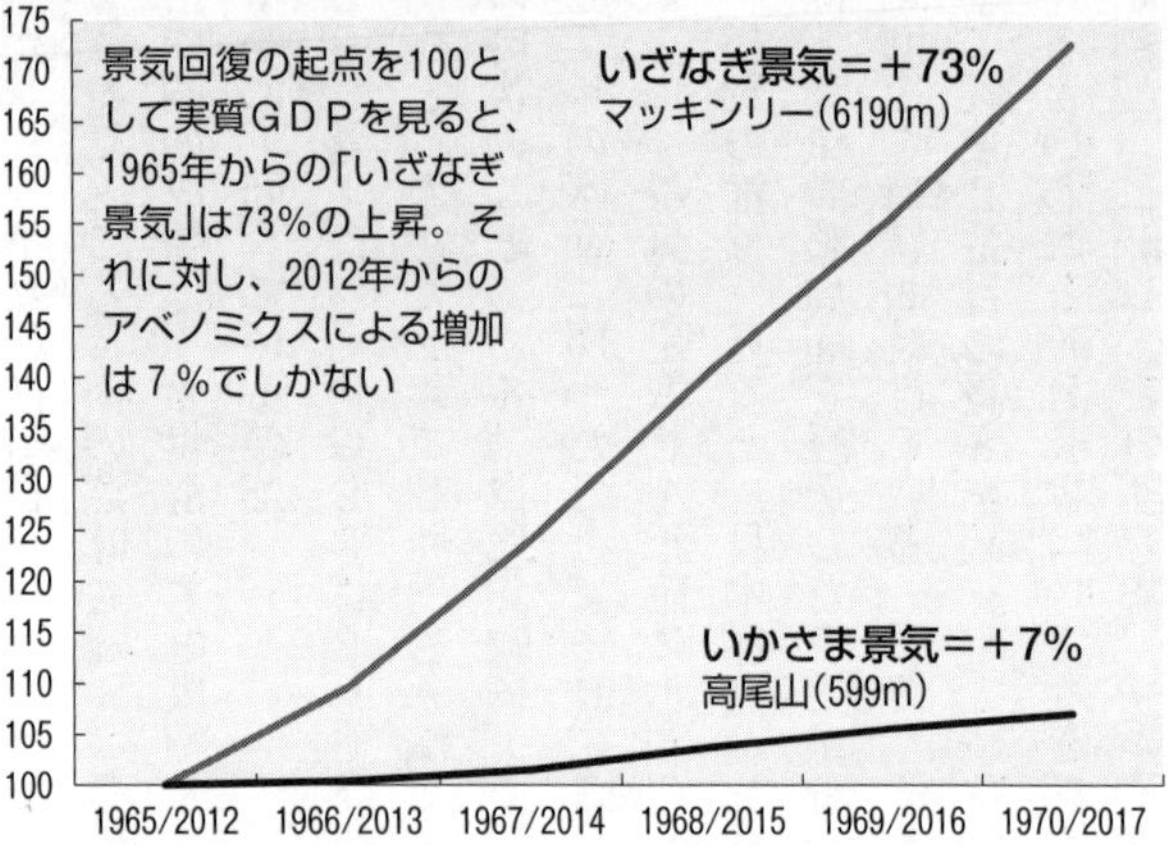

日本経済は２０１４年１月から２０１６年５月に景気調整局面を迎えており、今回の景気回復の起点は２０１６年５月とするべきで、景気回復持続の期間は２０１８年８月まででで27カ月でしかない。いざなぎ景気は１９６５年から１９７０年にかけて生じた、日本の高度経済成長期を代表する景気拡大局面で観測されたもので、実質ＧＤＰは約70％も増大した。文字どおりの大型景気拡大局面だった。

　安倍内閣は、２０１２年11月から景気回復が持続し続けている、との事実に反する公式見解を示し続けているが、**この間の実質ＧＤＰ増加はわずか７％でしかない。**高尾《たかお》山と北米最高峰デナリ（２０１５年にマッキンリーから名称変更）の違いがある。高尾山に登っただけの人が、マッキンリー登頂に成功した人に「俺のほうがすごい」と言っているようなものだ。長期間持続していないのに「いざなぎ」を超えたとしている今回の景気に、もし名前を付けるとしたら、「いかさま景気」というのがもっともふさわしいと思う。

2014年1月から2016年5月の景気後退は、消費税増税によって引き起こされたものだ。政府は消費税で景気後退が生じた事実を隠蔽《いんぺい》しているのである。次の増税実施に支障が生じるため、虚偽の政府公式見解を示し続けている。日本の場合、景気拡大、景気後退の認定を、内閣府の景気動向指数研究会での議論を経た後に経済社会総合研究所長が設定している。客観的な基準によって透明性を保持して決定されていない。米国では2四半期連続でマイナス成長が観測されれば、自動的に景気後退＝リセッションと判定される。日本の場合には、景気拡大と後退の認定までもが「政治的判断」に委《ゆだ》ねられているのだ。これも「国家の嘘」を構成する重要事項のひとつである。

■株価の上昇と市民の暮らし

安倍首相が掲げる「改善した指標」のなかで、文句なしに肯定できるのは、大企業収益と株価上昇である。株価変動の経済心理に与える影響は大きく、株価上昇が政治的に好まれることは言うまでもない。株価上昇は経済活動の活況を連想させる一方、株価下落は経済低迷を人々に印象づける。

かつては、株価変動と経済全体の変動は連動していた。好況は企業収益を増大させるだけでなく、労働者の賃金所得をも増大させていた。株価上昇期は好況期であり、企業収益が拡大するだけでなく、労働者の賃金所得も増加したのである。

ところが、2000年代以降、この構造が劇的に変化した。企業収益拡大＝株価上昇と労働者の賃金所得増加が連動しなくなった。より正確に言えば、賃金所得の減少が企業収益拡大をもたらすようになったのである。したがって、**企業収益増大、株価上昇は市民にとっての朗報とは言えなくなった**のである。

アベノミクスの下《もと》で大企業の収益は増えた。大企業収益は史上最高を更新し続けている。2008－09年のリーマンショック、サブプライム金融危機に連動する不況で大企業収益は半減以下に激減した。しかし、その後に大企業収益はV字形の回復を示して、2013年以降、史上最高水準を更新し続けてきた。日本経済全体が超低迷し続けるなかで、大企業収益だけは突出して我が世の春を謳歌《おうか》し続けている。

経済全体が暗闇のなかで大企業利益だけが史上最高という事実が物語ることは何か。経済活動が生み出す果実は資本と労働で分け合うことになる。経済成長が実現しない、つまり、生産活動によって生まれるパイがまったく増えないなかで、大資本の取り分だけが突出して拡大しているということだ。

賃金労働者の側では、労働者全体の所得が減少するなかで、労働者の数＝雇用者数だけは増えたのだから、必然的に一人当たりの所得は激減することになる。労働者全体の所得が減り、それを分け合う人数だけが増えたことを、無邪気に喜ぶわけにはいかないのだ。

株価変動が経済変動を代表していたのは昔の話だ。株価は企業業績の変動を反映はするが、株価が表示される企業の数は多くない。多くないと言うより、著しく少数である。東証一部だけでなく、すべての地方市場、新興市場を合計しても、株式市場で株価が表示される企業数は4000社に満たない。日本の法人数400万社の0・1％にも満たない企業の状況を表示しているのが株価なのだ。

安倍首相が自慢の種にしている、雇用者数増加、有効求人倍率増加、名目GDPの増加、そして、大企業収益拡大と株価上昇は、すべて事実ではあるのだが、日本の主権者である一般市民の暮らしという視点から見れば、成果だと言える代物《しろもの》ではないのである。一般的な市民の生活環境が深刻なレベルで悪化していることを間接的に示す現象なのだ。雇用者数は増えたが、一人当たりの実質所得は5%も減少している。ここにアベノミクスの結果が集約して示されている。

このまま進めば、日本の労働者＝一般市民は完全に日干《ひぼ》しにされてしまう。「大企業の利益が増えれば、回り回って労働者の賃金も増える」という「トリクルダウン」仮説は、現実によって完全に否定されている。悪質な詐欺に近い説明であったと言うべきだ。

アベノミクスの核心である「成長戦略」の、そのまた核心は、「労働コストの圧縮」である。「労働コストの圧縮」によって大資本の利益を極大化させる。あえて結論を先走って示せば、こうなる。したがって、トリクルダウンという仮説は、努力したが実現しなかったというものではなく、はじめから、そのような現象を実現する考えなど毛頭《もうとう》なかったというものなのだ。だからこそ、悪質な詐欺だと言わざるを得ない。

大資本の株主と超富裕層はアベノミクスを絶賛して当然だが、圧倒的多数の労働者＝一般市民がアベノミクスを肯定するのは、自分で自分の首を絞《し》める行為である。

外国人の訪日旅行者が増えた最大の背景は円安の進行である。円安で日本の財・サービスの価格が、外国人旅行者にとって割安になった。中国の旅行者が激増して、いわゆる

「爆買い」に走ったのは、円安と中国資産価格上昇によるものだった。中国資産価格の下落で「爆買い」は影を潜めたが、円安傾向持続の下で訪日客の増加傾向は続いている。

このこと自体が悪いことではないが、円安は日本の価値減少を意味している。ドル表示のGDPは減少し、ドル表示の一人当たりGDPの世界ランキングは2000年の世界第2位から凋落《ちょうらく》して、2017年は世界第25位に沈んでしまった。日本が高く評価されるなら円は上昇し、日本のGDP時価総額は増大する。円安進行は日本の時価総額の減少を意味しているわけで、外国人旅行者の増加を手放しで喜ぶわけにはいかないのだ。

■実質的な給料は減り続けている

厚生労働省が発表している統計に「現金給与総額」というものがある。本給、時間外手当、ボーナスをすべて合わせたものだ。従業員5人以上の企業全体の現金給与総額統計があり、これを物価上昇率で調節した実質賃金指数がある。労働者一人当たりの現金給与総額を実質化した指数で、この推移で労働者の実入りの変化が分かる。

前述したように、実質賃金指数は民主党政権時代には、ほぼ横ばいで推移したが、第2次安倍内閣が発足してから、約5％も減少した。

過去をさかのぼると、労働者の実質賃金は1996年をピークに20年以上も減少し続けてきている。2015年を100とすると、1996年は115・8だった。1996年から2015年までの19年間に、実質賃金指数は13・6%も減少してしまった。また、1992年を100として見ると、1996年がピークであることはもちろん変わらないが、2017年の実質賃金指数は88・7。25年間で、やはり12・7%の減少である（左図）。

生活が一向に改善しない、むしろ、苦しくなっているという生活者の実感は経済統計によって裏付けられる。「アベノミクスで経済は良くなった」というのは、安倍内閣が流布している「風説」＝「虚偽情報」に過ぎない。

大企業の収益が史上最高を更新しているのは事実だ。株価が上昇したのも事実。雇用者数が増えたのも事実。有効求人倍率が上昇したのも事実。しかし、繰り返して言う。経済全体の成長は超低迷を続けており、労働者一人当たりの実質賃金は2013年以降だけで5%も減少した。雇用が増えたと言っても、その7割が非正規雇用で、雇用全体に占める正規労働者の比率は急激な低下を続けている。減少した雇用者所得の増額を分け合わなければならない人数だけが増加して、一人当たりの実質所得が大幅に減少し続けている。喜

「実質賃金指数」の25年間の推移（1992年〜2017年）

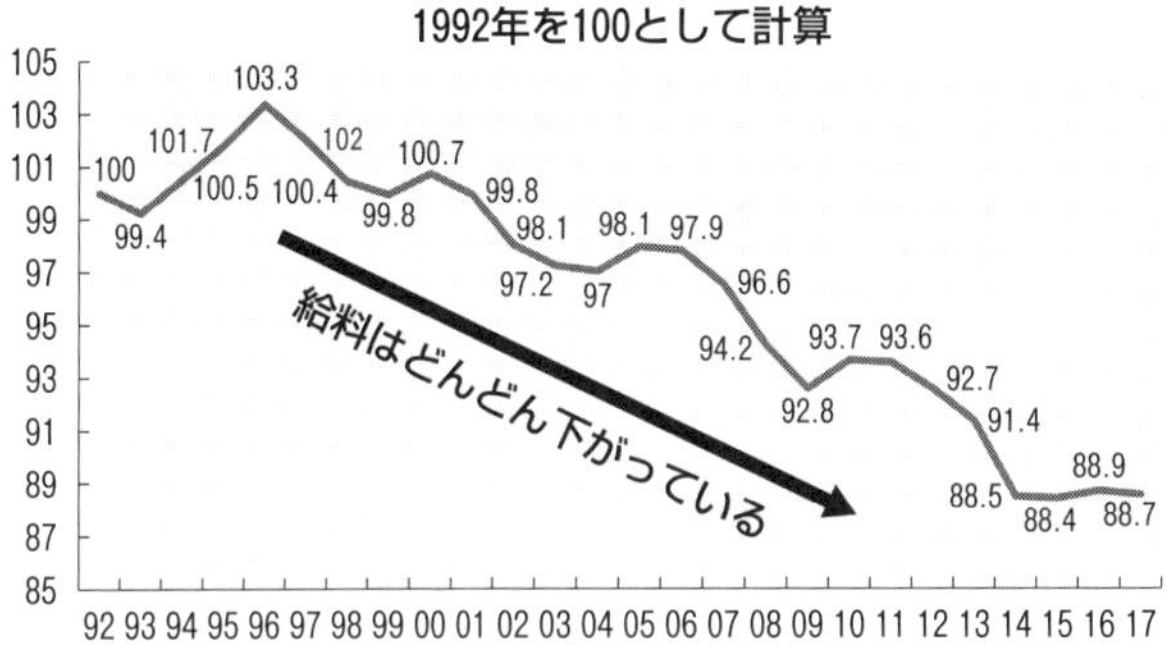

実質賃金とは、実際に支払われた賃金（給料＝名目賃金）の金額を消費者物価指数で割ったもの。購買力賃金とも言う。上図は厚生労働省の「毎月勤労統計調査」から、1992年の実質賃金を100として指数化した。バブル景気のころと比べて、いかに給料が下がったか分かるだろう

べる現実は存在しない。

日本の労働者の実質賃金が減少するなかで、２０１６年だけは例外的に小幅の増加を示した。この２０１６年に小幅増加した理由は、インフレ率がマイナスに転じたことにある。

賃金がまったく増えない状況が続く一方で、インフレ率がマイナスに転じ、物価が下がった。その分だけ、実質賃金が小幅プラスを示したのである。インフレではなくデフレに回帰して、初めて労働者の実質賃金が増えた。

つまり、安倍内閣が掲げたインフレ誘導という目標自体が完全な誤りだったのだ。安倍内閣がインフレ誘導に失敗したことは、日本

の市民にとっては不幸中の幸いだったのである。

■誰のためのインフレ誘導か

アベノミクス第一の矢は金融緩和。その金融緩和は、インフレ誘導を目指して行なわれた。しかしインフレは実現しなかった。インフレは大資本の利益を増大させる現象だが、一般の市民＝主権者国民には「百害あって一利なし」の現象なのである。

インフレ誘導は、企業の実質賃金コストを低減させる効果を持つ。同時に、企業の実質債務残高を減少させる効果を持つ。したがって、インフレは資本の側に利益を供与する政策なのだ。

しかし、裏を返せば、インフレは労働者の実質賃金を減少させ、庶民の貯蓄の実質残高を減少させる政策であるから、庶民にとっては悪の現象でしかない。したがって、一般市民がインフレ誘導政策に賛成するのは愚《ぐ》の骨頂《こっちょう》なのである。

インフレ率が上昇すると実質賃金が減少する。デフレになると、実質賃金が増加する。名目賃金がまったく増えないから、実質賃金はデフレのときだけ、デフレの分だけ増加する。だから労働者にとってデフレは神風であり、インフレは災厄《さいやく》である。

そもそも、インフレ誘導が必要だとする主張は、企業の競争力強化の視点から提案されたものである。名目賃金を引き下げるのは難しいから、物価下落が続くと実質賃金が上昇してしまう。世界の大競争が激化して、その大競争のなかで企業の生き残りを支援するには、インフレを誘導して、企業の実質賃金コスト、労働コストを引き下げてやらねばならない。これがインフレ誘導政策の提案理由だったのだ。

インフレが生じるときに、名目賃金を横ばいで推移させることはさほど難しくない。だから、そうすれば実質賃金を引き下げることができる。企業の労働コスト圧縮を実現させるためにインフレ誘導政策が発案されたのである。この原点を知っておかねばならない。

2012年12月に発足した第二次安倍内閣で、安倍晋三首相が円安誘導、インフレ誘導のための金融緩和政策強化を主張。2013年の日銀人事で、インフレ誘導を実現するための人事を強行した。政治による中央銀行支配は政策の中立性、政策の継続性の観点からは望ましいことではない。しかし、安倍首相は日銀を完全にアベ色に染め抜いていった。

黒田東彦《くろだはるひこ》総裁、岩田規久男《いわたきくお》副総裁の日銀新幹部（当時）は、2年以内に消費者物価上昇率を前年比2％以上の水準に引き上げることを公約し、量的金融緩和政策を強化した。

私は2013年夏に『アベノリスク――日本を融解《メルトダウン》させる7つの大罪』（講談社）と題

する著書を上梓《じようし》した。このなかでインフレ誘導政策について論述した。

日銀は量的金融緩和政策の実施でインフレを実現すると公約したが、その根拠が希薄であることを指摘した。詳細は上掲書にあたっていただきたいが、結論だけを要約すれば、日銀が短期金融市場残高を膨張させても、銀行の与信活動が活発化しなければ経済全体に供給されるマネーストックは増大しないため、インフレ率上昇は実現しない可能性が高いことを明記した。

■「責任をとって辞める」はずが……

量的金融緩和政策がインフレを実現させないことが、現実によって証明された。2012年時点で、「インフレ誘導は可能か」をめぐって大きな論争点が生まれ、いわゆる「リフレ派」の人々は、インフレ誘導は可能であると断言していた。

岩田規久男副総裁は、国会の同意人事審議で、「2年以内に消費者物価上昇率を2％以上に引き上げることができなければ、職を辞して責任を明らかにする」ことを明言した。

しかし、2年どころか、5年経っても2％インフレは実現しなかった。そして、2018年4月の日銀「展望リポート」では、2％インフレを実現する時期の記述までが消滅した。

しかし、岩田規久男氏は就任2年後に辞職せずに、２０１８年春までの5年の任期終了時まで、副総裁の椅子に居座った。日銀副総裁という椅子の座り心地の良さに魅了されてしまったのだろう。

アベノミクス第一の矢として、日本銀行が目標に掲げたのは「インフレ誘導」だ。「インフレ誘導」は労働コストを引き下げ企業の利益を増大させるものだから、大資本にとって天使の政策だが、労働者にとっては、一番大事な実質賃金を減少させるものだから悪魔の政策でしかないことは前述したとおりである。

黒田・岩田日銀は賃金労働者にとっての悪魔の政策目標を掲げたが、その政策目標を実現できずに、5年の任期を終えた。岩田規久男氏は退任したものの、黒田総裁は異例の二期目続投になった。インフレ誘導に失敗して退任ということになれば、アベノミクスの失敗を公式に認めることになる。公式に認めなくても、客観データが政策失敗を明白に示しているのだから、政策失敗の隠蔽は無意味だと言えるが、それでも安倍首相は、政策失敗を明確にすることを避けるために黒田氏再任に踏み切ったのだと思われる。

政策失敗の黒田氏をそのまま続投させた。「インフレ誘導」は国民生活にとって百害あって一利のないものだから、これまでの政策目標設定の誤りを認めて、今後は二度とインフレ誘導などという政策目標を掲げないと誓って日銀ポストにとどまるなら、まだ理解できる。しかし、黒田総裁には、これまでの政策失敗に対する反省の姿勢さえ見受けられない。

そもそもは、安倍首相が日銀を私物化してしまっていること自体が大きな誤りである。1997年の日銀法改正で日銀の独立性が強められたはずだったが、内閣総理大臣が日銀の人事権を私物化してしまうと法改正の意味は失われてしまう。内閣総理大臣の人事私物化という事態を、法律が想定していない点に問題があると言うこともできる。

安倍首相は、人事権の濫用《らんよう》=私物化という、まったく同じ手法で、裁判所、NHK、そして日銀を私物化してしまっている。このことによって、日本の統治機構は民主主義制度からかけ離れた安倍独裁体制に移行してしまっている。その先に見えるのは日本の破綻だ。極めて重大なこの問題については、後段で考察することとする。

■膨張しすぎた日銀の資産

日銀は2018年7月30－31日の金融政策決定会合で、長期金利の誘導目標を「ゼロ%

程度」とする方針を維持した一方、「金利は経済・物価情勢等に応じて上下にある程度変動しうるものとする」と明記した。日銀の「出口戦略」が意識されている。

「出口戦略」とは「量的金融緩和政策」を縮小から終了に向かわせ、金融政策が「緩和」から「中立」に切り替わる「出口」に進む戦略のことだ。

２００７年から２００９年にかけて、世界の金融市場をサブプライム金融危機が襲った。米国発で株価が暴落し、金融恐慌の不安が広がった。この事態に米国のＦＲＢが量的金融緩和政策で対応した。これが「量的金融緩和政策」、いわゆるＱＥの出発点で、米国は異例の金融緩和政策発動で金融危機を回避した。

米国の量的金融緩和政策で株価が反発し、金融危機が回避された。連動して米ドルは下落。対日本円では２０１１年に１ドル＝75円の安値を記録した。この米国を後追いするかたちで、日本が２０１３年から量的金融緩和政策を大幅に拡大したのである。日本円は対米ドルで１ドル＝78円の水準から１ドル＝１２５円へと急落した。

日銀の量的金融緩和政策とは、民間銀行の日銀当座預金残高目標を引き上げるために、日銀が民間銀行の保有する国債などを買い入れることだ。この政策が日銀資産の膨張をもたらした。日銀が４００兆円以上の日本国債を保有することとなり、日銀財務の健全性に重大な脅威が生じている。米国のFRBは「有事対応」である量的金融緩和政策から脱却する「出口戦略」を進行させ、すでに「金融引締め」政策に移行している。

日本よりも後に「量的金融緩和政策」に着手した欧州（ECB）も、すでに「出口戦略」を始動させている。日銀だけが取り残され、現時点でもまだ「出口戦略着手」を宣言できていない。そのひずみが、さまざまなかたちで広がり始めている。

２０１８年３月末の日銀の資産残高は５５３兆円に膨張し、国債・財投債保有残高は４３７兆円に達している。日銀の資産規模がＧＤＰ比１００％に膨張している。ＦＲＢも量的金融緩和政策を実施したが、資産残高は４・５兆ドル規模までしか拡大しなかった。対ＧＤＰ比は25％程度にとどまったのだ。したがって、日銀の資産規模ＧＤＰ比は米国ＦＲＢの４倍に達している。

膨張した資産にはリスクがつきまとう。ひとつは長期金利の上昇だ。長期金利上昇というのは債券価格下落のことである。何らかの要因で日本の長期金利が上昇する場合、債券価格は下落していることになる。債券価格が10％下落すれば、日銀は40兆円以上の債券評価損失に直面する。日銀資産が著しく劣化する。

また、日本円というのは日銀の債務であり、日銀資産が劣化すれば、日本円の信用が下落する。通貨価値の不安定化を招く。「量的金融緩和政策」は、あくまでも「有事対応」の「異例の措置」であり、長く続けるものでない。しかも、量的金融緩和政策を実行したのに、目標としたインフレ率上昇も実現していない。

このような不健全な政策を長期間放置することが大きな災厄の原因になる。中央銀行の政策運営は「保守的」であるべきなのだ。2013年2月28日に、退任寸前だった白川方明《しらかわまさあき》日銀総裁が講演でこう述べている。

「日本銀行は、強力な金融緩和の一環として多額の国債買入れを行っていますが、財政が厳しい状況にあるだけに、国債の買入れが内外の市場で、『財政ファイナンス』と受け取られると、それが原因となって長期金利が上昇するおそれがあります。特に、成長力強化の取り組みが進展せず、日本銀行の国債保有だけが増加する場合、そうしたリスクは高まります。そうなれば、金融緩和効果が低下するだけでなく、多額の国債を保有する金融機関の経営を通じて実体経済に悪影響を与えます」

「その意味で、政府にも日本銀行にも規律、ディシプリンが求められます。日本銀行の規律を規定するのは、物価の安定と金融システムの安定を通じて持続的な成長に貢献するという中央銀行に課せられた目的です」

「一旦、信認が低下し経済が混乱してしまうと、その時点では、中央銀行の採《と》り得る政策の余地は限られてきます」

２０１３年以降の日銀は、まさに「ディシプリン＝規律」を完全に失った状態にある。そして、諸外国が金融正常化に向けて「出口戦略」を着実に進行させるなかで、日銀だけが、その動きから完全に取り残されている。

いま、日銀の政策決定に重大な影を落としている問題がある。２０１９年10月に予定されている消費税増税についての政府判断が２０１８年中に最終決定されることだ。後述するように、消費税増税実施は１００％間違った政策運営である。日本経済の自殺行為であると言ってよい。

しかし、財務省は消費税率10％実施を遂行する姿勢を頑《かたく》なに維持している。その財務省が安倍内閣を通じて日銀を支配。そのために日銀がディシプリン＝規律を喪失してしまっているのだ。大増税を強行実施するために、日銀は適正に出口戦略の方針を明示していない。政策運営の歪《ゆが》みが大きな混乱を招く日が近づいている。

■税収の内訳は、どう変化したか

財政出動はときに必要な局面があるが、安倍内閣は2014年に消費税大増税に突き進んで、日本経済を撃墜した。「財政出動」ではなく「財政超緊縮」に突き進んだのが現実であって、アベノミクスを評価するには「財政超緊縮」の事実を論じなければならない。

安倍内閣はアベノミクス第二の矢として財政出動を掲げたが、2014年に消費税増税を強行した。「財政出動」を実行したのは、第二次安倍内閣が発足した直後の2013年度だけで、アベノミクスは支離滅裂である。「アベコベノミクス」に転じてしまった。

その安倍内閣が2019年10月に消費税率を現在の8%から10%に引き上げる方針を示している。これで日本経済が崩壊することは間違いない。詳細については第5章「追いつめられる国民／消費税で社会保障の嘘」で考察するが、多くの人が認識していない日本の税収構造の重大な変化についてのみ、端的に指摘しておきたい。

消費税が導入された1989年度と、27年経過した2016年度の税収は、約55兆円規模で同水準だ。この27年間に生じた変化は、

所得税　4兆円減少

法人税　９兆円減少
消費税　14兆円増加

である。

全国民の上位１％でしかない富裕層の負担を13兆円減少させる一方で、残る99％の庶民の負担を14兆円増大させた。これが税制改変の正体なのである。**財政再建のための消費税増税、社会保障制度拡充のための消費税増税というのは、幻想＝フェイク＝嘘である。**財政再建のためでも、社会保障制度拡充のためでもない。ただひとつ、巨大企業と１％富裕層の税負担を減らすためだけに消費税増税が強行されてきた。

その消費税率が２０１９年10月に８％から10％に引き上げられようとしている。「財政再建のためには、国民負担の甘受《かんじゅ》は致し方ない。社会保障制度を維持するためには負担増もやむを得ない」と理解してきた市民は完全に騙されている。数値が事実をくっきりと浮かび上がらせている。

「成長戦略」の最大の問題

アベノミクスの核心は「成長戦略」にある。日本経済の基本構造を変えてしまうという意味で重大だ。実際に日本経済の構造を根底から改変しつつある。

「成長戦略」と表現すると聞こえは良いが、誰の成長なのか、何の成長なのかを正確に見極める必要がある。結論を先に示せば、アベノミクスの成長戦略は「大資本利益の成長」を目指すものであって、「一般市民の所得の成長」や「一般市民の幸福の成長」を目指すものではない。この事実を正しく認識することが何よりも重要だ。

「成長」や「岩盤規制にドリルで穴を開ける」、「規制撤廃」などの美辞麗句に騙されてはいけない。市民は生存し続けることさえ困難な生き地獄に引きずり込まれる危険に直面している。

安倍内閣が推進している「成長戦略」は、農業自由化、医療自由化、労働規制改変、法人税減税、特区創設の5本の柱で成り立っている。日本農業をハゲタカ大資本に支配させる、医療に貧富の格差を持ち込む、労働コストを際限なく圧縮させることが推進されている。非正規労働へのシフト、外国人労働力の導入、残業代ゼロ賃金制度の創設、長時間労働の合法化、金銭解雇の解禁などの施策は、すべてが労働コストの圧縮を後押しするものである。法人税減税はハゲタカへの利益供与である。また、特区のいかがわしさは加計学《かけ》園問題で鮮明に浮かび上がった。

かつて民主党代表の小沢一郎《おざわいちろう》氏が「国民の生活が第一」の旗を掲げたが、アベノミクスによって「国民の生活が台無し」になっている。政策の基本的な目的、基本的な方向が真逆なのである。

農業自由化、医療自由化、労働規制改変、法人税減税、特区創設には、いずれももっともらしい装《よそお》いが施《ほどこ》されているが、その詳細をよく調べてみると、すべてが一つの水脈につながっていることが分かる。それは、グローバルに活動を拡大する巨大な資本＝多国籍企業＝ハゲタカ資本の利益を極大化させることなのだ。

政府は本来、主権者である国民、市民の利益を増大させるための存在である。しかし、安倍内閣が実行している成長戦略においては、政治の主人公であるはずの市民、国民の利益が度外視されている。経済活動の果実は資本と労働で分け合うことになるから、資本の利益増大は、すなわち労働者＝市民の利益喪失を意味することになる。成長戦略の最大の問題がここにある。経済政策を評価する際には、常に、その政策が、誰のためのものであるか、何を目指すものであるか、を冷静に見つめなければならない。

アベノミクスの核心である「成長戦略」の、そのまた核心は、「労働コストの圧縮」である。「労働コストの圧縮」によって大資本の利益を極大化させる。トリクルダウンという仮説は、想定通りには政策が進まなかったために実現しないものではなく、はじめから実現する可能性もなく、実現させる意向もない、人々の歓心《かんしん》を買うためだけに飾られた「おとり」に過ぎぬものだった。

現実に生じているのは「トリクルダウン」でなく「取り尽くされてダウン」である。悪質な詐欺だったのだ。

2章　弱肉強食が進む日本

No.② 「民営化」の嘘

■国有地を不正に払い下げ――森友疑惑の真相

　２０１７年と２０１８年の国会におけるメインテーマになった森友《もりとも》疑惑と加計《かけ》疑惑の概要を簡単に整理しておこう。

　鑑定評価額が９億５６００万円とされた大阪府豊中《とよなか》市の８７７０平米の国有地が、学校法人森友学園に１億３４００万円で払い下げられた「森友疑惑」。森友学園が２０１７年３月10日に小学校設置認可申請を取り下げて、小学校は開校されないことになった。森友学園は安倍晋三夫人を名誉校長に迎え、２０１７年４月開校を目指していたが、認可申請取り下げに追い込まれた。

　森友学園に払い下げられた国有地に隣接する国有地９４９２平米は、２０１１年３月10日に国から豊中市に14億２３００万円で売却されている。また、当該国有地については２０１１年から２０１２年にかけて大阪音楽大学が取得を要望し、埋設物撤去・土壌改良費２億５０００万円を控除した５億８０００万円での取得を要請したが、国が、価格が低すぎるとの理由で排除していた。

２０１１年11月には、国土交通省大阪航空局が当該国有地を現地調査した結果、基準値を超える鉛《なまり》・ヒ素等を確認している。国は大阪音大の土地購入要請を却下し、この土地を２０１２年7月1日に新関西国際空港株式会社（新関空会社）へ現物出資し、移転登記を完了した。

ところが、２０１３年1月10日に「錯誤」を原因として現物出資が無効（所有権移転登記を抹消）とされ、土地の所有権が国に戻された。ここから、森友学園による当該不動産取得への動きが本格化した。２０１３年1月とは第二次安倍内閣が発足した直後である。政権発足と同時に森友学園による小学校新設の動きが本格化した事実は重要だ。

安倍晋三氏は、２０１２年9月に森友学園が運営する塚本幼稚園での講演を引き受けていた。しかし、そのタイミングで自民党総裁選が実施され、安倍氏は講演を直前にキャンセル。安倍首相が森友学園の籠池泰典《かごいけやすのり》理事長側に電話で謝罪したとも伝えられている。

第二次安倍内閣が発足すると、新関空会社に現物出資された土地が国の管轄に戻され、この土地を森友学園が小学校用地に活用する動きが本格化する。他方、大阪府は２０１２年4月に、「幼稚園を設置する学校法人が小中学校等を設置する場合でも借入を認める」とする、私立学校設置認可基準の改正を行なった。森友学園の働きかけに大阪府が対応したものであると見られる。

第二次安倍内閣の下で大阪航空局が近畿財務局に土地売却を依頼し、2013年6月に近畿財務局が公用・公共用の取得要望受付を開始した。森友学園側は鴻池祥肇《こうのいけよしただ》議員事務所に働きかけて、土地の購入ではなく定期借地後の購入での国有地取得を打診して承諾を得た。森友学園は2013年9月に取得等要望書を近畿財務局に提出している。

その後、森友学園は2014年10月に大阪府に「瑞穂《みずほ》の國《くに》記念小學院」の設置認可を申請。2014年12月に開かれた大阪府私学審議会は、森友学園の財務基盤が弱いこと、同学園が運営する幼稚園の教育内容に問題があることなどから紛糾するが、2015年1月の臨時会で条件付き認可の方針が決定された。これを受けて国有財産審議会は2015年2月に10年間の定期借地契約および売買予約契約を了承した。

土地の賃貸料については、当初、不動産鑑定士事務所が年間賃料約4200万円としたが2730万円とされた。その後、2015年12月に着工されたと見られる校舎建設工事のなかで、2016年3月11日、同学園が廃材を発見したと近畿財務局に通知。現地調査等が行なわれたのち、3月24日に森友学園から定期借地を購入に切り替える意向が示された。この間、森友学園の籠池理事長が財務省本省等に接触していた。

首相夫人と籠池夫妻

安倍昭恵氏のフェイスブック(2014年３月14日)から。「日本人の誇りや日本の教育について意見交換させて頂きました」と記されている

その結果として、国は森友学園に地下3メートルまでの埋設物処理費用として1億3176万円を支払うとともに、当該国有地8770平米を、鑑定評価額を9億5600万円と査定したうえで、さらに埋設物処理費用8億1974万円と事業期間長期化に伴う減価約200万円を控除した1億3400万円で払い下げることを決定。6月20日に移転登記が完了した。

しかも、1億3400万円の売却代金の支払いは2778万円の頭金と10年間の分割払いとされ、森友学園が支払ったのは2778万円のみであった。

問題の核心は、9億5600万円の国有地が8億円も値引きして払い下げられたことであるが、そもそも9億5600万円の鑑定評価額も隣接地の売買実績と比較して著しく低い。代金決済が分割払いというのも他に例がない。

また、森友学園は国土交通省の「サステナブル建築物等先導事業」による補助金を申請し、1億1875万円の補助金交付決定を受けている。さらに、関西エアポート株式会社(関西国際空港と大阪国際空港を運営。2016年4月に新関空会社から運営権が移管された)に対しても空調整備費1億4800万円の助成申請を行なっている。

これらの申請に際して用いられた建築工事請負契約書記載の工事代金が3種類あること

も発覚した。すべて2015年12月3日付のものだが、大阪府への提出書類には7億5600万円、国土交通省への提出書類には23億8400万円、関西エアポート株式会社への提出書類には15億5500万円と記載されていた。

補助金を多く受領するために水増しした金額が国土交通省への提出書類に記載された一方、学園の財務状況を良く見せるために大阪府への提出書類には少ない金額が記載されたと見られている。結局、森友学園の籠池泰典理事長と妻の籠池絢子《じゅんこ》氏は、不正に補助金を受給したとして詐欺罪で起訴され、大阪拘置所に300日間も長期勾留《こうりゅう》された。これは後述する「不正な刑事司法」の重要な一面を示している。

問題の核心は何か

森友学園が認可申請を取り下げたことで、当該土地は国に返還された。安倍内閣は刑事司法を不正利用して「森友学園の不祥事」として幕引きを図ってきたが、問題の核心は「森友学園の不祥事」ではない。日本政府＝財務省が安倍首相夫妻の深い関与を踏まえて、国有財産を法外に安い価格で払い下げたことにある。

財政法第9条は「国の財産は、適正な対価なくしてこれを譲渡し若《も》しくは貸し付けてはならない」と定めている。鑑定評価額を9億5600万円とし、ここから埋設物処理費用を8億1974万円差し引いて1億3400万円で払い下げたことが、財政法に抵触する疑いは濃厚である。

財務省の佐川宣寿《さがわのぶひさ》理財局長（当時）は、国会答弁で埋設物撤去費用を適切に算定し、これを控除した価格で売り渡したもので法的瑕疵《かし》はないと主張したが、まったく合理性がない。

籠池理事長は埋設物処理の実費が約1億円であったと話しており、8億円値引きの合理性が欠如している。国土地理院が公開している航空写真の時系列推移を見ると、地中深くに埋設物が存在すると推定されるのは、1940年頃に池状の地目《ちもく》だった敷地のごく一部だけで、敷地の6割の土壌を入れ替える費用算定は適正でない。

■首相夫人の証人喚問は……

森友学園に対する国有地の激安払い下げが表面化し、国会で追及が始まった。

2017年2月17日の衆議院予算委員会で、民進党の福島伸享《ふくしまのぶゆき》議員の質問に安倍首相が答弁。安倍首相は、次のように明言した。

「私や妻がこの認可あるいは国有地払い下げに、もし関わっていたのであれば、これはもう私は総理大臣を辞めるということでありますから、それははっきりと申し上げたい」

「繰り返しになりますが、私や妻が関係していたということになれば、まさに私は、それはもう間違いなく総理大臣も国会議員も辞めるということは、はっきりと申し上げておきたい」

国会における安倍首相のこの発言が、森友問題の巨大化を招くきっかけになった。

その後、自民党が求めて強行された籠池泰典理事長の国会証人喚問で、安倍首相夫人である安倍昭恵《あきえ》氏が森友学園の小学校用地の問題に深く関与したことを示唆《しさ》する重要事実も明らかにされた。

安倍首相の国会答弁を踏まえれば、首相辞任に直結するような事態が生じたわけで、安倍首相が疑惑を晴らすには、安倍昭恵氏の説明が必要不可欠な状況に至った。安倍首相夫妻にやましい部分がないなら、昭恵氏がウソをつくことのできない証人喚問に応じて、すべての疑問に答えれば済むはずである。安倍首相にとっても夫人の証人喚問実施が疑いを明確に晴らす恰好《かっこう》の場になるはずだ。ところが、安倍首相の側は、昭恵氏による説明の場を一切設けない行動に突き進んだまま現在に至っている。

■「法治国家」ではなく「犯罪放置国家」

問題表面化から約1年が経過した2018年3月2日、朝日新聞が森友学園関連の公文書が改ざんされた疑いを報道した。学校法人森友学園と国との国有地取引の際に財務省が作成した決裁文書について、契約当時の文書の内容と、2017年2月の問題発覚後に財務省が国会議員らに開示した文書の内容に違いがあるという記事だ。

契約当時の文書と、国会議員らに開示した文書は起案日、決裁完了日、番号が同じで、ともに決裁印が押されているが、契約当時の文書に記載のある、学園とどのようなやり取りをしてきたのかを時系列で書いた部分や、学園の要請にどう対応したかを記述した部分が、開示文書では項目ごとなくなったり、一部消えたりしていることが報じられた。

財務省は当初、改ざんの事実を認めなかったが、3月7日に森友学園との交渉を担当した近畿財務局の上席国有財産管理官が死亡し、遺書が残されていたことを背景に、文書改ざん時に財務省理財局長を務めていた佐川宣寿氏が突然の辞任を表明。その後、財務省は決済公文書改ざんの事実をようやく認めたのである。

野党は森友学園への国有地譲渡と安倍首相夫妻との関わりについての情報を得る目的をもって、財務省などに対して情報開示請求などを行なった。財務省は、この野党の目的を妨害するために決裁済有印公文書を改ざんしたのであり、虚偽有印公文書作成罪および偽計業務妨害罪が成立する疑いも濃厚である。

安倍首相の国会答弁が問題を拡大させたことは事実だが、そのこと自体が問題の本質ではない。国有財産が不正な低価格で一事業者に払い下げられたことが事実であるのかどうか。そして、財務省による虚偽公文書作成が事実であるのかどうか。財務省の虚偽資料提出が国会議員の活動を妨害するものであったのかどうか――法治国家における違法行為、不法行為が存在したのか、その真相が問われるべき点である。

安倍首相夫妻が関与して、国有財産が首相や首相夫人と極めて近い人物に対して不当に低い価格で払い下げられたとすれば、まさに典型的な政治腐敗事案ということになる。日本が法治国家であるなら、法律を適正に解釈し、厳正な措置が取られる必要がある。

安倍昭恵氏は2015年9月5日に森友学園で3度目の講演を行ない、この日に新設小学校の名誉校長に就任した。森友学園の籠池理事長は昭恵夫人の名誉校長就任を受けて、小学校用地問題について昭恵夫人の留守電に依頼要請を録音した。これを受けて昭恵夫人付の公務員である谷査恵子《たにさえこ》氏が財務省と折衝。その結果をFAXで籠池氏に伝えた。

当初は要望が実現しなかったが、谷氏は「引き続き、当方としても見守ってまいりたい」と籠池氏に伝えた。そして、4カ月後の2016年3月に地下埋設物が発見されたとの伝達を契機に、森友学園側の要望が満額以上の実現を見た。

こうした事実推移が明らかになった以上、安倍昭恵氏が公《おおやけ》の場で説明責任を果たすことは必要不可欠だった。ところが、安倍首相は昭恵夫人に一切、そうさせなかった。安倍内閣は昭恵夫人が「私人」であると主張したが、昭恵夫人には5人もの公務員が「秘書」として配属されていた。この秘書は、昭恵夫人の森友学園での講演にも随行し、また、昭恵夫人の私的活動であるハワイ訪問やスキーツアーにも同行している。ハワイに随行した公務員の旅費までが血税で支払われている。

さらに、安倍昭恵夫人による選挙応援活動にも公務員秘書が随行していたことも判明した。その際、特定の候補者を支援する活動に公務員が関与していれば、国家公務員法違反にも該当することになる。事態の顚末を先走って記すなら、日本の捜査当局はすべての重大犯罪を無罪放免にした。

「忖度《そんたく》」という言葉が流行語になったが、最大の忖度機関は日本の刑事司法当局である。

適正に犯罪として立件されれば責任追及は適正にならざるを得ない。しかし、刑事司法が腐敗して、犯罪が存在するのに政治的配慮でこれを無罪放免にしてしまえば、責任処理もあいまいなまま幕が引かれてしまう。

日本の堕落、日本の凋落《ちょうらく》を生んでいる最大の原因は刑事司法の腐敗、刑事司法の崩壊にあると言ってよいだろう。この問題は第4章で考察する。

森友疑惑は、本来、公平、公正でなければならない行政事務において、特定権力者の情実によって、その公平性、公正性が歪《ゆが》められ、国有財産が適正な対価なくして譲渡された疑いである。時価が約10億円と見られる国有地が、実質２００万円というあり得ない価格で、安倍首相夫妻と親密な関係にあった人物の経営する学校法人に払い下げられたという問題だ。

問題の追及に際して野党は、決裁文書の開示を請求した。この国会議員の業務に対し、財務省は問題の核心部分である安倍昭恵氏の関与、森友学園からの価格提示の要請、財務省による価格の提示などの重要な記述を毀棄《きき》した文書を作成し、これを国会議員に提供した。決裁済有印公文書とは別の虚偽の有印公文書を作成したことになる。したがって検察当局は虚偽公文書作成罪ならびに偽計《ぎけい》業務妨害罪を立件する必要があった。虚偽公文書作成罪は1年以上10年以下の懲役刑が科せられる重大犯罪なのだ。

そもそも、財務省ならびに近畿財務局の背任および公用文書毀棄、証拠隠滅などの罪での刑事告発が大阪地検特捜部によって受理されながら、大阪地検特捜部は財務省と近畿財務局に対して強制捜査すら実施しなかった。そのために、罪証隠滅《ざいしょういんめつ》などの行為も野放しになっていた。

森友関連の決裁文書についても、早期に検察が強制捜査によって原本を押収する必要があったにもかかわらず、必要な刑事捜査がまったく行なわれてこなかったために、文書改ざんなどが広範に実行されたのである。

日本の憲政史上に重大な汚点を残す行政府による重大犯罪が実行された。国権の最高機関である国会の権威は踏みにじられ、国会の国政調査権は棄損《きそん》された。

重大犯罪の事実が明確になり、証拠も完全に揃っているにもかかわらず、大阪地検特捜部は、籠池氏以外の事案すべてを無罪放免にする決定を示した。法律の解釈と運用が警察や検察の裁量に委ねられることを「起訴便宜主義」と表現するが、起訴便宜主義が政治的に悪用され、権力犯罪がもみ消されている。日本は「法治国家」ではなく「権力犯罪の放置国家」に転落してしまっている。

加計孝太郎氏と安倍首相

加計氏（左端）と首相の親密さがクローズアップされた有名な写真。こちらも安倍昭恵氏のフェイスブック（2015年12月24日）から

■首相の「腹心《ふくしん》の友」

さて一方の加計疑惑である。

この問題では、国家戦略特区諮問《しもん》会議の議長を務める安倍首相が、国家戦略特区としての事業主体に選定された加計学園理事長の加計孝太郎《こうたろう》氏から複数回にわたる飲食、ゴルフ等の接待を受けていた。安倍首相が、加計学園の獣医学部新設意向を知っていたなら収《しゅう》賄《わい》の疑いが濃厚になる。加計氏は安倍首相が自ら「腹心《ふくしん》の友」と呼ぶ人物だ。

安倍首相は「加計学園の獣医学部新設意向を初めて知ったのは２０１７年１月だ」と国会答弁を変えた。当初は、戦略特区諮問会議に申請した時点で首相の知るところになると答弁していたが、豹変である。

2015年3月から6月にかけて、当時の柳瀬唯夫《やなせただお》首相秘書官が、首相官邸で3回も加計学園関係者と面会していたことが明らかになった。さらに、その直前には加計孝太郎氏が安倍首相と面会していたとの説明が、加計学園関係者から示されていたことも明らかになっている。

柳瀬氏は2013年5月に安倍氏の別荘で加計氏と面会し、翌日にはゴルフにも同伴。その柳瀬氏が首相官邸で、国家戦略特区での獣医学部新設申請に関して加計学園側と面談を重ねていた。そして、愛媛県今治《いまばり》市が獣医学部新設を国家戦略特区諮問会議に申請したのが2015年6月なのだ。

安倍首相の当初の国会答弁では、安倍首相が戦略特区の事業申請者であることを知りながら、その事業者からの接待饗応《きょうおう》を受けていたことになる。収賄の疑いが濃厚になってしまうため、申請を知った時期が2015年6月から2017年1月に突然、改変されたのだろう。嘘の上に嘘を塗《ぬ》り固める対応であるとの批判を免《まぬが》れない。

加計孝太郎氏は2018年10月7日に記者会見し、学園の関係者が首相官邸で柳瀬氏と面会したことについて「知らない。大きな流れは事務局から報告を受けているが、詳細は分からない」と話した。この説明を信じる者は誰もいない。

郵政民営化の闇で暗躍した男

10年ほど前の話になるが、「かんぽの宿」不正売却未遂事案が表面化したのは2009年1月6日のことだ。麻生内閣で総務大臣職にあった鳩山邦夫《はとやまくにお》氏が、この問題を取り上げた。

2008年12月26日、日本郵政は「かんぽの宿」79施設をオリックス不動産に売却する方針を決定した。価格は79施設合計で109億円だった。日本郵政を会社分割し、「かんぽの宿」等に関する事業を一括譲渡するというのが売却のスキームである。しかし、この事業譲渡の前提となる会社分割においては総務大臣の認可が必要だった。鳩山総務相が認可しなければ、オリックス不動産に対するかんぽの宿一括売却は実現できなかったのである。鳩山総務相は2009年1月6日に「国民が出来レースと受け取る可能性がある」と発言し、問題を提起した。

「かんぽの宿」は、旧日本郵政後者の簡易保険が保有していた全国の宿泊施設である。これを売却することが日本郵政株式会社法の附則第2条に潜《もぐ》り込まされた。2005年4月に閣議決定された郵政民営化関連法案において、法案決定の直前に竹中平蔵《たけなかへいぞう》氏（当時の郵政民営化担当大臣）の指示で「かんぽの宿」などの売却規定が法律案に盛り込まれたことを関係者が証言している。この点について竹中氏は、自身の著書のなかで「メルパルクホールやかんぽの宿等、本来の仕事、つまりコア事業でない（したがって競争力もない）ものは資産を処分して撤退するべきだと判断した」と記述している。「かんぽの宿」は旅館ビジネスの一つであり、本来業務ではないから資産を処分して撤退するのだということである。

しかし竹中氏のこの発言は、自身の他の言動と完全に矛盾している。竹中氏は2008年3月に、不動産会社森《もり》ビルの子会社である「アカデミーヒルズ」というセミナー企業が実施したパネルディスカッションで次のように発言している。

「ここ数年で東京の開発がすごく進みましたが、六本木ヒルズを除けば、ほとんどがJRなどの跡地開発です。そうした開発しやすいリソースが今後、どのぐらい出てくるんでしょうか。

一つは郵政がありますよね。ものすごい資産を持っていますから。ところが、これまで法律で定められたこと以外はできなかった。東京駅前の一等地にありながら東京中央郵便局の有効利用ができないのは郵便と貯金とかんぽしか、やっちゃいけないからです。不動産事業はできなかった。しかし民営化すれば、それができるようになる。

日本全国に、もっと有効活用できる施設がたくさんある。ちなみに私の地元、和歌山の中央郵便局は、お城の天守閣が一番きれいに見えるところにあるんですよ。これらの再生や活用も日本の都市をよくする一つのきっかけになるんじゃないかと期待しているんですが、どうでしょう」

このパネルディスカッションに出席した建築家の隈研吾《くまけんご》氏が次のように応じた。

「郵便局はね、実は世界中で狙われている施設なんです。郵便制度が確立したのは20世紀初頭ですが、このころの建物はグレードがいい。これは世界共通です。だから、そのころの郵便局の建物をホテルにした例って、すごく多いですよ。高級ホテルにぴったりなんですよね。日本でも、それができるとしたら、すごくおもしろいことになりますね」

実際、日本郵政は東京駅丸の南口前の東京中央郵便局の建屋を、その「グレードのいい」建物を残しつつ再開発し、不動産事業に進出した。日本郵政は本来業務ではない不動産事業に進出して利潤追求に邁進《まいしん》しているのだ。その日本郵政が「かんぽの宿」については、本来業務ではないから売却することにしたと言うのである。

その場その場で、口からでまかせをまくし立てて、自己の行為を正当化する。口八丁手八丁のペテン師の姿を彷彿《ほうふつ》させる。

■8分の1の価格で払い下げ

そもそもハゲタカ資本が日本郵政に狙いを定めた理由のひとつが、日本郵政が持つ巨大な不動産資産だったのだ。350兆円の郵政マネーを標的にしたことはよく知られているが、狙っていたのはこれだけではない。日本郵政が保有する超優良巨大不動産も当初からターゲットだった。

郵政民営化法案を制定する際、本来業務でない事業を売却する必要があったのなら、「かんぽの宿」だけでなく、日本郵政が保有する巨大不動産の大部分を切り離して売却すべきだったということになる。ところが実際には、駅前一等地にある不動産は売却されなかった。日本郵政の一等地不動産を再開発するという巨大なビジネスが展開され、あらゆる大資本が、新しい利権ビジネスに群がったのだ。

「かんぽの宿」売却は、郵政民営化のインナーサークル（権力を握る少数者）が、国家国民の貴重な財産を、不正かつ人知れずかすめ取ることを目的に、ひっそりと売却対象に組み入れられたものなのだ。当初から、規制改革会議の主要幹部が経営するオリックスに払い下げられるシナリオが存在していたのだと思われる。鳩山邦夫総務相が2009年1月にこの問題を大きく取り上げていなければ、国民固有の巨大資産が激安価格でオリックスの手に渡っていたはずだ。

「かんぽの宿」79施設は１０９億円という破格の安値で売却されるところだった。売却対象になった79施設は、「かんぽの宿」69施設、ホテル型宿泊施設の「ラフレさいたま」、そして首都圏社宅９施設である。**これらの施設の固定資産税評価基準額は８５７億円であり、売却価格１０９億円は、その約8分の1に過ぎない。**「ラフレさいたま」は単独で時価が１００億円程度と見られる施設であった。また首都圏の社宅９施設は土地代だけで約49億円相当と推定された。この10施設だけで時価は１５０億円に相当するにもかかわらず、これに全国69の巨大宿泊施設を合わせた不動産が、１０９億円で売却されるという破格な条件だったのだ。

　時価10億円相当の国有地が、安倍晋三首相夫人が名誉校長を務める「瑞穂の國記念小學院」用地として学校法人森友学園に実質２００万円の安値で売却されていた事実は前節で述べたが、基本図式は酷似している。オリックスの宮内義彦《みやうちよしひこ》シニア・チェアマンは、規制改革会議の議長として郵政民営化問題に関わっている。そして宮内氏は著書『経営論』において、次のように記述していた。

《ホテル業や観光業と競合するかんぽの宿は正式には簡易保険福祉事業団が運営している『簡易保険郵便年金保養センター』のことです。全国に八〇カ所ぐらいあり、郵便局で集めた資金でつくられました。『かんぽの宿』は本来は簡易保険や国民年金の加入者向けの宿泊施設でしたが加入していなくても申込みさえすれば泊まることができます。料金のわりに施設が充実しているため主婦層を中心とした顧客基盤をしっかりと築いています。こうした施設で民間のホテル、旅館業が対抗していくのは容易ではありません。国民の税金をもとにした膨大な資金力を背景につくられていますから一介の私企業が、かなうはずもありません。そもそも、なぜ国の機関が宿泊事業をしなければならないかを根本から問い直すことも必要でしょう》（傍点は引用者）

宮内氏は、かねてより「かんぽの宿」に並々ならぬ関心を示していた。そして、「かんぽの宿」の特性として、「国民の税金をもとにした膨大な資金力を背景につくられた」ことを明確に認識していた。その「国民の税金をもとに建造されたかんぽの宿」を、宮内氏が代表を務めるオリックス関連企業が破格の条件で譲り受けようとしていたのである。偶然の出来事とは考えられない。

政府の会議に出入りする、あるいは、政府要人になって法律のなかに細工を施し、行政事務、立法行為等を通じて私腹を肥やす活動が展開されているということだ。

改正国家戦略特区及び構造改革特区法の附帯決議に次の文言が明記された。

「民間議員等が私的な利益の実現を図って議論を誘導し、又は利益相反行為に当たる発言を行うことを防止する」

「民間企業の役員等を務め又は大量の株式を保有する議員が、会議に付議される事項について直接の利害関係を有するときは、審議及び議決に参加させないことができるものとする」

附帯決議に拘束力はないが、このような附帯決議が付せられた際に議員が誰の姿を思い浮かべたのかは容易に想像がつく。構造改革特区、国家戦略特区の言葉にはプラスのイメージが漂うが、そのような装いこそ要注意だ。中身が確かなら名称に奇をてらう必要がない。中身が怪しいから、その中身を悟られないように美辞麗句と表現するべき名称が付されるのだ。

郵政民営化、かんぽの宿売却、国家戦略特区での獣医学部新設には、すべて同種の匂いが立ちこめている。

■抜け穴

「かんぽの宿」売却価格が安すぎるとの批判に対して、黒い霧に包まれた関係者が異口同音に、「諸般の情勢を含めて考えれば109億円という売却価格は安すぎるものではない」と反論していた。論拠が二つ提示された。第一は、事業収支に基づく不動産鑑定評価が高いものではなかったということ。第二は、3200名の従業員の雇用維持義務が課せられており、転売規制もあったから低価格は当然だというものだ。

「かんぽの宿」が年間40億~50億円の赤字を計上しており、なおかつ雇用維持条件がつけられていたのだから109億円は適正価格だと主張したのである。

しかし、この年間40億~50億円という赤字が正当な数値ではなかった。2008年3月期の事業収支赤字は五億円に過ぎず、2010年3月期には10億円の黒字計上が見込まれていた。また、かんぽの宿は「加入者福祉施設」(簡易保険の加入者だけが利用できる宿泊施設)で営利事業でないため、福祉目的で赤字になるように料金が設定されていたのであり、この事業収支計数を用いて不動産鑑定評価を行なうこと自体が間違いだった。また減価償却年限を60年から25年に変更したために、減価償却費が過大計上されたことも影響している。

他方、3200名の従業員の雇用維持が強調されたが、オリックス不動産に課せられた雇用維持条件は3200名の従業員のなかの550人が対象で、その550人も、正社員620人のうちの550人について、1年に限って雇用条件を維持するというものに過ぎなかったのである。さらに、施設の転売規制にも抜け穴条項が用意されていた。全国約70の温泉宿泊施設を運営するには人員確保が必要であり、従業員3200人中550人に1年限りの雇用維持義務が付せられてもまったく負担にはならない。むしろ、求人コストを圧縮できる、渡りに船の条件だったはずだ。

詳細は拙著『「国富」喪失』などを参照いただきたいが、「かんぽの宿」売却先を決定する過程が極めて不透明である。オリックス不動産に払い下げるためのプロセス＝シナリオが綿密に構築されたと見て間違いないだろう。

日本郵政内部で「かんぽの宿」一括売却を担当したのは、CREソリューション部門内に設けられた西川善文《にしかわよしふみ》社長（当時）直轄の「チーム西川」と呼ばれる少数部隊であった。この部隊は、西川社長の出身母体である三井住友銀行に直結したチームであったとされている。ちなみに三井住友銀行は2002年秋、金融再生プログラム（後述）が提示されて日本の銀行界が自己資本不足の懸念に陥《おちい》った際に、竹中平蔵氏が仲介役となって米ゴールドマンサックスからの巨額資金調達を確保したと見られている。これ以来、竹中―西川のつながりはただならぬものになっていたと推察されている。

その西川社長が仕切るチームが「かんぽの宿」売却案件を担当したのだから、疑惑に満ちたスキームになったのは、当然と言えば当然のことだったのかもしれない。

オリックスの宮内氏が著書でいみじくも述べたように、巨大な資金を投入した公的施設に民間が太刀打《たちう》ちできるわけがない。知恵の働く民間業者は政府と特別な関係を持ち、巨大な国民資金が投入された巨大施設、巨大不動産を破格の安値で入手し、濡《ぬ》れ手《て》で粟《あわ》の利益をむさぼる。民営化や国家戦略特区は、きれいな言葉ではあるが、だからこそ、その中身にトゲがあると見ておくべきなのだ。

国民の貴重な資源、資産、資金が、貪欲《どんよく》な資本、あるいは個人によって食い物にされている。その悪行を悪行でなく装うために、響きの良い言葉が創作され、宣伝されている。

■長銀売却は出来レースだった

民営化とは、公的事業として実施されていたものを民間運営に変えることであるが、大きな特徴は、これらの公的事業が生活必需品を提供するものであることだ。水道にしろ、電力にしろ、あるいは交通インフラである鉄道や飛行場などにしろ、私たちの生活にとってなくてはならない必要不可欠なものである。したがって、これらの事業は永続して存立可能なビジネスである。そのビジネスが譲渡されれば、事業主にとってはまさしく濡れ手で粟である。限りなくリスクフリーに近い巨大なビジネスを、長期にわたって独占できることになる。

民営化された事業を担《にな》う民間企業の役員に就任すれば、役得は無限に広がる。公務員の収入は安定しているものの突出して高いものでない。しかし、民間企業の役員になれば高額の役員報酬を手にすることができ、退職するときには法外な退職金を受け取ることができる。

国鉄民営化を推進した旧国鉄の幹部職員が、民営化されたＪＲ各社の最高幹部に居座り、数十年にわたって高額報酬を獲得し続けてきた事例など、民営化を食い物にする行為そのものである。

民営化に新種の巨大利権が付随することを私たちは知っておかねばならない。実態は、この巨大利権があるから民営化が推進されているのであり、その民営化によって、具体的に誰にどのような利得が転がり込んだのかを正確に追跡することが重要になる。

「民営化」「特区」という言葉に騙されてはいけない。私は２０１０年に上梓した『日本の独立』のなかで「平成の黒い霧」事案を列挙した。そのなかで、日本長期信用銀行（長銀）の再上場、りそな銀行の乗っ取り、郵政民営化、そして、「かんぽの宿」不正売却未遂事案を取り上げた。長銀再上場とりそな銀行乗っ取りについて、概要だけ紹介しておきたい。

日本長期信用銀行は１９９８年10月に破綻した。この長銀破綻に際し、最終的に８兆円の公的資金が投入された。そして、この破綻した日本長期信用銀行を日本政府が売却。見かけ上、「競争入札」の形態がとられたが、実際には出来レースだった。「かんぽの宿」の図式と同じだ。米国系投資会社「リップルウッド」への払い下げが、あらかじめ定められていたと思う。

日本政府は破綻した日本長期信用銀行をリップルウッドに、たったの10億円で売却したのである。その破綻銀行にリップルウッドは１２００億円の自己資金を投入し、２００４年２月19日に「新生銀行」として再上場させた。再上場時の株価初値は８７２円となり、この時点で株式時価総額は１兆１２３５億円になった。１２１０億円の元手が、３年11カ月で10倍の１兆１２３５億円になったのだ。実に見事な「濡れ手で粟」である。

長銀買収に名乗りを上げたのはリップルウッド、JPモルガン・オリックス、中央三井信託銀行、パリバ銀行の合計4グループだった。最終候補はリップルウッドと中央三井信託銀行に絞られた。

私はワシントンでの調査活動で、「旧長銀がリップルウッドに払い下げられることになっている」との情報を得た。政府が最終決定した1999年9月28日から3カ月も前の時期だ。

政府はリップルウッドが日本政府にとって最も有利な条件を提示したと説明したが、事実は違った。リップルウッドの旧長銀購入に「瑕疵《かし》担保特約」という条件が付されていたのだ。

中央三井信託銀行が求めた公的資金5000億円に対し、リップルウッドの要請額は3000億〜5000億円で、リップルウッド案が日本政府に有利なものだとされたが、リップルウッド案には瑕疵担保特約が付いていた。この特約は購入した銀行の個別債権について、3年以内に2割以上の損失が発生した場合には、債権全額を日本政府が補填《ほてん》するというものだった。

この条件がその後、悪魔の働きを演じることになった。旧長銀を譲り受けたリップルウッドにとっては、不良債権の劣化が進むことがメリットになる。貸出先を破綻させれば、債権全額が国から補塡されるのだ。実際に新生銀行は、この瑕疵担保特約によって政府から8630億円もの資金贈与を受けた。日本政府にとって最悪の売却条件だったのだ。

■悪魔の条件

2000年に大手百貨店「そごう」が経営破綻したが、このときの債権者協議で悪魔の瑕疵担保特約の存在が浮かび上がった。融資銀行団が、そごう支援策を検討した際、新生銀行が支援を拒絶した。なぜなら、新生銀行にとっては、そごうの破綻が最も有利な結果をもたらすからだ。悪魔の特約の存在が明らかになり、リップルウッドへの旧長銀払い下げが疑惑に満ちたものであることが判明した。

日本政府が旧長銀の売却先決定に際して、アドバイザーにゴールドマンサックス社を用いた。ゴールドマンサックスは、6億円ものコンサルティングフィーを受け取った。米国のルービン元財務長官がゴールドマンを推薦したと伝えられている。ルービンはゴールドマンサックスの元会長だ。

そのゴールドマンの元共同会長のクリストファー・フラワーズ氏、元FRB議長のポール・ボルカー氏、そして米国金融の重鎮《じゅうちん》であるデービッド・ロックフェラー氏が新生銀行の取締役として名を連ね、ルービン元財務長官はリップルウッドの社外取締役に就任していた。

つまり日本政府は、リップルウッドと強い利害関係を持つゴールドマンをアドバイザーに起用し、そのゴールドマンが身内と言えるリップルへの売却を日本政府にレコメンドしたということになる。明治の官業払い下げと変わらぬ腐敗構造下で旧長銀売却が行なわれた、と言わざるを得ない。

リップルウッドは2004年2月19日に新生銀行を再上場させることによって巨大利得を手にした。この再上場を異例のスピードで認可したのが竹中平蔵氏である。国会では2004年2月の衆議院予算委員会で、民主党の中津川博郷《なかつがわひろさと》議員が新生銀行の再上場問題を厳しく追及している。新生銀行は瑕疵担保条項を活用するために激しい「貸し剥《は》がし」を実行し、貸出債権を3年間で半減させた。その結果、321の企業が経営危機に追い込まれ、1兆1702億円もの債権が預金保険機構に持ち込まれた。その結果として新生銀行は8530億円もの資金贈与を獲得したのである。

旧長銀がリップルウッドに売却された経緯が不透明であること、新生銀行が抱えている訴訟案件についての投資家への説明が不十分であることなどから、再上場を認可するべきでないとの主張が噴出した。しかし、これらの指摘を無視して竹中平蔵氏は株式上場認可を強行したのだった。

■りそな銀行に仕組まれた罠

りそな銀行の自己資本不足事案も黒い霧に包まれている。2002年9月30日の内閣改造で、竹中平蔵氏が経済財政相に加えて金融担当相を兼務することになった。この人事を指令したのは米国政府であると見られている。

金融担当相に就任した竹中平蔵氏は『ニューズウィーク』誌のインタビューで、日本の4つのメガバンクについて「大きすぎてつぶせないとは思わない」と述べたことが報じられた。金融市場は大銀行破綻が容認されると受け止め、株価暴落が加速した。

金融担当相に就任した竹中平蔵氏は「金融分野緊急対応戦略プロジェクトチーム（PT）」を発足させて「金融再生プログラム」を提示した。ここで、銀行の自己資本比率算出ルール変更が示された。焦点になったのが銀行の自己資本に組み入れられる「繰延《くりのべ》税金資産」の取り扱いである。竹中PTはルール変更を2003年3月期から実施する方針を示したが、銀行界から猛反発が生じた。当然のことだ。

銀行界は一斉に「いままでサッカールールでやっていたものを急にラグビーに変えると言われてもできない」と反発したのだ。結局、竹中PTは「繰延税金資産計上ルールの変更」を決定することができなかった。

しかしながら、竹中金融庁はこのルール変更をなし崩しで、特定金融機関にだけ適用したのだ。その標的にされたのがりそな銀行である。2003年3月末が過ぎた段階で、りそな銀行に対してのみ繰延税金資産の5年計上を認めないという対応が強行された。5年計上が認められていれば、りそな銀行の問題は生じていない。

決算期末を超えた2003年4月に、りそな銀行の監査法人の一つである朝日監査法人が、りそな銀行を自己資本不足に誘導したのである。朝日監査法人は、4月16日に入手した、りそな銀行の2003年3月期決算計数（速報ベース）を踏まえて、りそな銀行の繰延税金資産計上を否認する方向の見解を表明した。仕組まれた「罠」であったと考えられる。

朝日監査法人で、りそな銀行を担当していた公認会計士の平田《ひらた》聡《さとし》氏は、この方針決定に強く反発したと見られる。朝日監査法人は4月22日の本部審査会で、りそな銀行の繰延税金資産計上を否認する方針を議論したが、その直後の4月24日、平田氏が自宅マンションの12階から転落死した。これは飛び降り自殺ではなく、他殺だと私は推察している。

朝日監査法人は4月30日、りそな銀行の監査委嘱《いしょく》辞退を通告した。りそな銀行のもう一つの監査法人である新日本監査法人は2003年5月7日に、りそな銀行に対し自己資本不足の見解を伝えた。これらの経緯により、りそな銀行は自己資本不足に陥《おとしい》れられたのである。

りそな銀行を自己資本不足に追い込むための論理を主導したのは、日銀出身でコンサルタントの木村剛《きむらたけし》氏だった。竹中PTの一員である。木村氏は2003年5月14日付のネット上のコラムに「破綻する監査法人はどこか」とのタイトルで記事を掲載している。ここで木村氏は、「新日本監査法人は、りそな銀行の繰延税金資産計上について、ゼロないし1年の決定を示す以外、選択肢がない」と主張した。これ以外の結論を示す場合には、新日本監査法人を破綻させるべきだとも主張した。

ところが最終的決定は、自己資本への3年分計上だった。繰延税金資産計上がゼロまたは1年の場合、りそな銀行は債務超過に陥り、破綻処理されることになる。5年計上が許されれば自己資本比率規制をクリアする。ところが、3年計上の場合は、自己資本比率が

0%から4%の間になるため、預金保険法第102条第1項の1号措置が適用されて、りそな銀行が公的資金によって救済されることになる。

つまり、りそな銀行は極めて不自然な決定により、自己資本不足になるが、破綻処理ではなく、公的資金によって救済されることになったのだ。仮にりそな銀行が破綻処理されていれば、日本は金融恐慌に突入していただろう。小泉純一郎《こいずみじゅんいちろう》－竹中平蔵政権は完全に臨終を迎えたはずだ。

もう一人の死者

りそな銀行は公的資金で救済された。この結果、大銀行破綻の可能性を前提に暴落した株価が猛反発に転じた。そして、りそな銀行に対しては、自己資本不足を理由に経営者が総入れ替えされた。

りそな銀行は埼玉銀行と大和《だいわ》銀行の合併でできた新銀行で、私は東京、名古屋、大阪で開催された式典のすべてで記念講演を行なっている。りそな銀行頭取に就任した勝田泰久《かったやすひさ》氏は小泉－竹中経済政策を明確に批判していた。私が講師を依頼されたのは、そのためでもあった。

りそな銀行では、反小泉・竹中色の強い経営者は一掃され、小泉－竹中政権の近接者が幹部ポストに送り込まれた。そして、この救済された銀行が、自民党に対する融資を激増させていった。りそな銀行事案を映画化して、その真相を人々に知らせるべき素材でもある。

そもそも、りそな銀行は自己資本不足に追い込まれる状況にはなかった。類似した財務状況の銀行は複数存在しており、繰延税金資産計上ルールをりそな銀行にのみ厳しく適用する正当な事由は存在しなかったのである。

りそな銀行が自己資本不足に追い込まれたのは、りそな銀行頭取が明確に小泉－竹中経済政策を批判していたためである。

政府による銀行救済を受けて株価は猛烈に反発した。この株価急騰で「濡れ手で粟」の利益を得たのが外資系ファンドだった。竹中平蔵氏は２００３年2月7日の閣議後懇談会で、日本株価連動投信「ＥＴＦ」について「絶対儲かる」と発言して激しい批判を受けた。しかし、この時点で、すでに株価暴落誘導後に銀行救済を実行するシナリオは確定していたのだと見られる。だからこそ「絶対儲かる」だったのだ。シナリオを書き、小泉－竹中政権に指示をしていたのは米国の金融専門集団であると考えられる。

自民党へのりそな銀行融資残高が、りそな銀行救済以後に激増した。2002年末に5億～10億円だった他の主要行の対自民党融資残高は、2005年末に4億～8億円に減少した。その一方で、りそな銀行の対自民党融資残高が2002年末の7・75億円から2005年末の54億円へと激増したのである。りそな銀行を乗っ取り、りそな銀行を自民党の機関銀行にしたと言ってよい推移だ。

この重大事実を朝日新聞が2006年12月18日の一面トップでスクープした。見出しは「りそな銀行、自民党への融資残高3年で10倍」である。ところが、記事を執筆した鈴木《すずき》啓一《けいいち》論説委員が、記事掲載の前日、東京湾で水死体となって発見されたと伝えられている。しかも、奇妙なことに、この重大ニュースは他紙に波及せず、この大報道1回で立ち消えになったのだ。

疑惑渦巻く重大事案では、罪なき人々が命を奪われ、社会的生命を奪われている。日本の現実は清浄からほど遠いものである。私たちはこの現実をしっかりと認識しておく必要がある。

■「水」の民営化が標的に

国鉄が民営化され、郵政が民営化された。「かんぽの宿」は不正売却されかかった。破綻した旧長銀は不正に払い下げられた。りそな銀行は不正に自己資本不足に追い込まれ、一種の政治謀略によって乗っ取られたと言える。民営化のメリットが皆無というわけではないが、民営化に伴う利権をむさぼるハイエナ集団が存在することを忘れてはならない。

その日本でいま、さらなる民営化利権の追求が拡大しつつある。空港事業の民営化、さらには刑務所事業の民営化などが行なわれているが、これらの事業は破綻する懸念がない。必ず成り立つ事業である。運営権を独占して料金体系を勝手に決めることができれば「濡れ手で粟」の利益が転がり込むことになる。ハゲタカ資本が民営化に群がるのはこのためだ。事業権を得ること自体が巨大な利権なのである。

いま、標的にされているのが水道事業だ。世界経済を支配する戦略物資というものがある。食料、エネルギー、そして軍事の3分野が世界経済を支配するための戦略物資だ。さらに、鉱物資源、貴金属、金融が国家や国民の存亡を左右する戦略産業である。

このなかで、21世紀の最重要戦略資源の一つとして注目を集めているのが「水」だ。日本では「湯水のように使う」は、ふんだんに消費をすることの表現だが、中東では逆で、

「一滴も漏らさぬよう大切に使う」が「湯水のように使う」の意味だ。日本では蛇口《じやぐち》をひねれば飲用可能な水を無尽蔵に飲むことができる。しかし、このような国は世界のなかで稀少である。

堤未果《つつみみか》氏が近著『日本が売られる』（幻冬舎新書）で紹介しているが、国土交通省が発表している水道水を飲める地域は、アジアでは日本とアラブ首長国連邦の2カ国のみ。アジア以外では、ドイツ、オーストリア、アイルランド、スウェーデンのストックホルム、アイスランド、フィンランド、ニュージーランド、オーストラリアのシドニー、クロアチア、スロベニア、南アフリカ、モザンビーク、レソトの15カ国だけなのだ。

世界196カ国中で、これだけしかない。大半の国では水道水をそのまま飲むことができないのだ。日本では各地に名水が存在し、大地から湧《わ》き出る水が優良な水質を保っている。この水こそ21世紀の新しい戦略物資である。

そこで脚光を浴びているのが水道事業である。水道事業を民営化する際の事業権を取得することを、虎視眈々《こしたんたん》とハゲタカファンドが狙っている。2013年4月19日、麻生太郎財務相兼副総理は米国の超党派のシンクタンクCSIS（米国戦略国際問題研究所）で講演して、**「日本の水道事業は、すべて民営化します」**とはっきり述べた。2013年4月とは、まさに安倍晋三首相がＴＰＰ交渉への参加を決め、日米の間で、日本がＴＰＰ交渉に参加するための条件、すなわち日本のＴＰＰ交渉参加の「入場料」を決めた局面である。

ちなみにこのとき、日本から米国への自動車輸出の関税率引き下げを、すべての最後にすることを日本政府が呑《の》まされた。さらに米国は、日本のかんぽ保険が、いわゆる第三種保険などに新規参入をしないことを強く求めていたが、日本全国の郵便局窓口でアメリカンファミリー生命保険会社の保険商品を販売することなどが決定された。

日本の人口が減少し始めている。そのため、水に対する需要が減少し、市町村が運営する水道事業は経営的な厳しさを増している。また、施設・設備が老朽化しており、その修復や更新が必要になっている。この事実認識は正しいが、これは水道民営化の根拠にはならない。

水道水は生活必需品だから公的に管理する必要がある。水道事業は規模のメリットが働く事業であるため、自然独占が生じやすい。必ず独占事業になる。この独占事業が営利目的の事業者に委ねられてしまうと、事業者が営利追求に走り、独占利潤が生み出されてしまう。だから、公的に管理することが必要なのだ。

公益性が極めて高い事業においては、民間事業者が利益追求に走り、利用者にしわ寄せが行かぬよう、市民による監視が利く管理体制の下に置くことが必要である。ところが民営化論者は正当な理論的根拠を示さずに、結論ありきで民営化を押し通そうとしている。

水道については、諸外国で民営化の試みがなされてきたが、そのほとんどで期待した成果は上がらず、逆に大きな弊害が拡大して、再公営化がなされている。それにもかかわらず、日本政府およびハゲタカ資本の息がかかった地方自治体は、世界の潮流に逆行して民営化を強引に推進している。

外国資本の建設会社

２０１３年のＣＳＩＳで行なった麻生氏のスピーチは、以下のものだ。

「例えばいま、世界中ほとんどの国ではプライベートの会社が水道を運営しているが、日本では自治省以外ではこの水道を扱うことはできません。

しかし、水道の料金を回収する99・99％というようなシステムを持っている国は日本の水道会社以外にありませんけれども、この水道は、すべて国営もしくは市営・町営でできていて、こういったものをすべて民営化します」

麻生氏が英語でスピーチして、通訳者が十分に意味の通る通訳をできなかったものかと思われるかもしれないが、そうではない。この言葉を麻生氏が発したのだ。

2018年10月15日に「オールジャパン平和と共生」が開催した学習会「私たちの命の源が危ない――水・種子・食の安全を守ろう！――」で、弁護士で新宿区議の三雲崇正《みくもたかまさ》氏がユーモアを交えて紹介した。

麻生氏は、2013年には存在しない「自治省」が水道事業を扱っているとした。その上で、システムを持っているのは「水道会社」だとし、水道はすべて国営もしくは市営・町営でできていると述べた。ほとんど理解不能である。おそらく麻生氏自身が理解不能に陥っているのだろう。

麻生氏の説明では、日本の水道事業を行っている主体が、自治省なのか、水道会社なのか、国営なのか、市営・町営なのか、まったく分からない。これを通訳した方は、大変な苦労をされたことと思われる。

麻生氏が伝えたかったことは、ただ一点だったのだろう。TPPへの「入場料」の一つとして、日本の水道を「すべて民営化します」を宣言するための講演だったのだと推察される。日本国民の貴重な財産、資源を、国会の審議もせずに、外国で、勝手に民営化すると宣言するのは言語道断の行為と言うべきだ。

安倍首相は２０１５年４月29日、米連邦議会の上下両院合同会議で演説し、「日米同盟強化のため、集団的自衛権の行使を一部可能にすることなどを柱とする新しい安全保障法制の関連法案を夏までに成立させる」と述べた。日本の国会に提出もしていない法案の成立を米国議会で宣言する神経が疑われる。日本の実態が米国の植民地であることを宣言するようなものだ。

米国のベクテル社は年間売り上げ５兆円の世界最大の建設会社で、日本におけるビジネス拡大を目論んでいる。すでに東京の湾岸道路、関西国際空港の旅客ターミナル、中部国際空港ビルなど多くの事業に参入し始めている。

このベクテル社がボリビアにおいて水道事業を買収した。そして、買収するとともに水道料金を2倍に引き上げた。ボリビアの民衆は困窮したが、やがて立ち上がった。その結果、最終的に民営化が撤回された。私たちが私たちの貴重な水を守るために、立ち上がらねばならぬ日が近未来に来ることを否定しきれない。

民営化されてしまうと、その民営化企業の支配権は株主に移る。国民資金が投下されて打ち立てられた事業であるにもかかわらず、国民はものを言えない立場に捨て置かれてしまう。現在推進されている民営化では、事業運営権を取得する営利企業が自治体と契約を結び、その契約のなかに守秘義務を盛り込んで事業内容を外部不開示にしてしまう。

価格統制も設定されていないから、結局、民間事業者の営利追求行動が野放しになってしまい、住民によるチェック機能も働かなくなる。そして、事業の価格決定権を事業運営者が確保してしまい、その価格を吊り上げて独占利潤をむさぼることになる。営利追求の事業で住民が損失を蒙《こうむ》っていることが明らかになり、契約解除を申し立てると、契約内容を楯《たて》に法外な解約違約金を自治体に請求する。文字どおり悪徳事業者の行動が示されることになり、自治体の主権者、住民にとっては百害あって一利のない結果に終わる。

■ハゲタカのハゲタカによるハゲタカのための民営化

政府や自治体が、それでも民営化を推進するのは、推進する者に何らかの見返りがあるためだ。住民に巨大な不利益を与える施策が強行されるのは、その施策を強行する者に、さまざまなかたちでのキックバックが行なわれるからなのである。利潤のみを追求する巨大資本＝ハゲタカ資本と共謀して、国民財産、国民資金を食い物にする構図が浮かび上がる。

彼らは、地方自治体は財政赤字に苦しみ、巨大な債務を抱えているから、債券発行などによる資金調達ができない。だから、民間資金を活用して、民間の力で設備更新などを進める必要があるとする。これも完全な間違いだ。

民間事業者の資金調達コストよりも地方自治体の資金調達コストのほうが低い。地方自治体が資金調達したほうが安上がりなのだ。そして、水道設備のようなインフラ整備においては、借金をしても見合いの資産が残存するから、債券発行による資金調達は合理的なのだ。

マイホームを建設する個人は、若い時点でローンを組んで家を購入する。そして、退職するまでに完済する。これが、借金は禁止ということになれば、マイホーム資金をようやく調《ととの》えた退職の時点で初めて家を購入し、翌年には逝去するという事態が発生し得る。まったく非合理的なのだ。

水道インフラのような極めて公益性の高い事業は公的管理下に置き、自治体が債券発行によって資金を調達して設備を維持することが正しい。その債務返済は利用者の利用料金によって長期の時間をかけて行なえば何の問題もない。

そして、公益事業の経営が放漫にならぬよう、市民による監視システムをしっかりと整備する。これ以外に適正な対応はない。住民にとって、公的管理下に事業を置くことがあらゆる面で優れていることは明白である。それにもかかわらず民営化が強行されるのは、ハゲタカ資本と結託する政府が予算配分で自治体に恩恵を与えていること、民営化で利益を上げるハゲタカ資本に政治屋がさまざまなかたちで「買収」されてしまっているからなのだ。民営化には色濃く金権腐敗の匂いが立ち決めている。

2018年6月13日、PFI法(民間資金等の活用による公共施設等の整備等の促進に関する法律)の改正法案が可決・成立した。公共施設等運営権者方式(コンセッション)によるPFIの導入促進策や、PFI支援のための「ワンストップ窓口」の創設が盛り込まれた。これまで、公共施設等運営権者を指定管理者に指定する際には議会の議決が必要だったが、改正案では、条例に特別の定めがあれば事後報告で可とする旨の地方自治法の特例を設ける。また、指定管理者となった公共施設等運営権者による利用料金の設定の自由度を高める。上下水道事業へのコンセッション導入については、財務面の特例措置を設けて後押しする。

財務面の特例措置とは、PFIに誘導するための施策として、政府が補助金などを自治体に提供するということだ。さらに安倍内閣は、地方にPFIを導入させる包囲網として、2015年12月に「優先的検討規程の策定要請に関しての通知」を地方自治体に送った。内閣府は、自治体がＰＦＩの導入を優先的に検討しているかどうかについての実施状況を調査し、その結果をネット上で公表させる仕組みを導入した。自治体が国の方針に忠実に従っているか外部から検証が可能になる仕組みを設定したのである。

２０１４年４月から２０１６年度末までの間には、自治体のＰＦＩ推進への意欲や公共施設、所在地、施設面積、建設年度、老朽化度などが一目でチェックできるように、公共施設等総合管理計画と固定資産台帳の作成をさせた。これにかかる費用は特別交付税交付などで自治体にインセンティブを与えていた。安倍内閣は公的事業を民間に払い下げることを全面的に支援してきたのだ。

安倍内閣が、ＰＦＩ法改定で、コンセッションによる公的事業運営権の民間資本への払い下げをいよいよ加速させる体制を整えたわけだ。ハゲタカのハゲタカによるハゲタカのための民営化の嵐が日本全体で吹き荒れる環境が整備されたことになる。

「コンセッション事業」に関する政府の「ガイドライン」は２０１８年３月に改定された。ＰＦＩのための特別目的会社（ＳＰＣ）への株式譲渡制限が必要最小限とする規定が設けられたほか、自治体の関与を最小限とするため、ＳＰＣへの自治体の出資も原則行なわないとの規定も盛り込まれた。日本共産党の田村智子《たむらともこ》参議院議員は、ＰＦＩ法改正案を審議する6月12日の参院内閣委員会で、政府の産業競争力会議でコンセッション事業を投資家のビジネスチャンスと位置づけて提案したのは規制改革の旗振り役の竹中平蔵氏であり、同氏が未来投資会議でも自治体の出資を最小限とするよう要求し、政府が全面的に取り入れた経過を明らかにした。

同じ参院内閣委員会で自由党共同代表の山本太郎参議院議員が以下の指摘を示した。

将来も含めてＰＦＩに係《かか》るという公共施設の範囲は、まず道路、鉄道、港湾、空港、河川、公園、水道、下水道、工業用水道（以上、公共施設）。次いで庁舎、宿舎（公用施設）。そして賃貸住宅及び教育文化施設、廃棄物処理施設、医療施設、社会福祉施設、更生保護施設、駐車場、地下街等の公益的施設、情報通信施設、熱供給施設、新エネルギー施設、リサイクル施設（廃棄物処理施設を除く）、観光施設および研究施設、船舶、航空機等の輸送施設および人工衛星。さらにこれらの施設の運行に必要な施設を含む、とされている。ありとあらゆるものが民営化の対象とされ、民営化が促進される。

英国では、病院から輸送、防衛、学校、刑務所、図書館、給食までのＰＦＩ案件を政府と契約していたカリリオンという巨大建設会社がＰＦＩを利用して４５０の契約を獲得したが、結局、約16億ポンド（２４５０億円）の負債を抱え破綻している。山本議員は、英国の会計検査院（ＮＡＯ）が、２０１１年に引き続き２０１８年の報告書で「ＰＦＩは予想したほど国民にメリットのある制度ではない」と報告している事実、さらに、欧州連合（ＥＵ）の会計検査院であるヨーロッパ・コート・オブ・オーディターズが、「ＰＦＩを含むＰＰＰ（官民連携）手法は建設に予想以上のお金がかかる上に、工期も遅れること、積極的にＰＰＰを公共インフラ事業に推奨しない」よう指摘した事実を紹介した。

こうした事実を背景に、２０００年から２０１５年３月末までで世界37カ国２３５件の水道事業が再公営化されている。その根源的な理由は、売上の15～40％が株式配当および企業内部留保に回されてしまい、利益が再投資されないことだ。結局、設備は更新されず、利用料金は引き上げられ、住民は不利益だけを蒙る結果がもたらされてきたのだ。民間資本は利潤追求を目指す存在であるから、住民の利益が損なわれることは明白なのである。

私たちの命に直結する水道事業こそ、必要な資金を長期債券発行で賄《まかな》って最適サービスを提供するべきものである。その運営は公的管理下に置きつつ、住民の監視が行き届くように運用面での改善を図ればよいのである。これが最小のコストで最大の効率を生み出す唯一の手法である。住民に有利を装い、実際にはハゲタカ資本に巨大な利益を供与するための国家の嘘を正確に見抜かなければならない。

あるから、事件は、安倍内閣の立法のためにに単に利用されただけだったことが浮き彫りになった。

「働き方改革」と表現すると聞こえが良いが、実態は「働かせ方改悪」としか言いようがない。過労死遺族が怒り心頭に発していることが何よりの証左である。新法には過労死を防ぐための核心的方策が欠落している。内実は「過労死促進法」とまで言われているものなのである。

新法は三つの柱で構成されている。

①残業時間規制、②高度プロフェショナル制度導入、③同一労働同一賃金創設だ。項目だけ並べると「改革」の名にふさわしいように思えるが、中身に問題がある。

「残業時間規制」では月１００時間残業が合法化される。これまでの裁判事例で過労死が認定された長時間残業が合法化されるのだ。「同一労働同一賃金」も抜け穴だらけである。

「高プロ」と呼ばれる新制度は、いわゆる残業代を払わない制度である。

■高プロ＝残業させ放題

政策立案に関与する人材派遣会社パソナ会長の竹中平蔵氏は「時間内に仕事を終えられ

ない生産性の低い人に残業代という補助金を出すのは一般論としておかしい」と放言した。

仕事が時間内に終わるかどうかは「生産性」の問題ではなく「仕事の量」の問題であることすら理解できないらしい。大量の仕事をノルマとして負荷《ふか》されれば、労働者は「自主的に」過労死レベルの残業に追い込まれることになる。労働コストを圧縮したいと考える経営側が、賃金が定額なら、より多くのノルマを課す傾向を持つことは当然に想定される現象で、制度創設は過労死発生のリスクを著しく高めることになる。

政府は法律に「裁量労働制の対象拡大」を盛り込むことも狙っていた。しかし、根拠となるデータが捏造《ねつぞう》されていた疑いが濃厚になり、これを断念した。一連の「改革」案から透《す》けて見えてくる狙いが労働コスト削減にあることは明白だ。

第二次安倍内閣発足後の日本経済の成長率は、民主党政権時代を大幅に下回る。経済停滞下で利潤を増やすには労働コストを圧縮するしかない。これが制度創設の基本背景である。過労死を防ぐには、勤務時間と勤務時間の間に、人間として生存し続けることを可能にする最低限度の時間的空白＝インターバルを設けることを義務づける必要がある。この根本的な対応が欠落している。

残業時間に上限を決めて、罰則規定を設けることがアピールされているが、その上限が「過労死を引き起こす」水準に設定されたのでは、何のための上限規制であるのか分からない。

また、「高度プロフェッショナル制度」が創設され、「裁量労働制」の適用範囲拡大が見送られたが、今後の展開に警戒を怠《おこた》れない。労働コストの圧縮を目指す資本の側は、定額の賃金で残業時間の制約のない制度を順次拡大させる意向を有している。残業代ゼロ制度の漸進《ぜんしん》的な拡張が予想されているのだ。

「高度プロフェッショナル制度」は、1075万円以上の年収がある専門的な職業を、労働時間の規制や残業代、休日・深夜の割増賃金の支払い対象から外す制度で、労働者は定額の収入に対して与えられた仕事をこなさなければならない。定額の報酬を得るには徹夜してでも仕事を仕上げなければならなくなる。企業にとっては「定額残業させ放題プラン」ということになる。

実は**「残業代ゼロ制度」の年収基準であるはずの「1075万円以上」は、法律の条文に明記されず、「省令で定める」とされた。**そのため、今後、基準が引き下げられる可能性が高い。批判を否定したいなら、法律に金額を明記するべきだ。

経団連は2005年の「ホワイトカラーエグゼンプションに関する提言」で、年収400万円以上という額を示していた。また、1075万円以上という対象範囲については、「狭すぎる」という声が経済界から繰り返し表明されてきた。企業は「定額残業させ放題プラン制度」を「小さく生んで大きく育てる」ことを狙っていると考えられる。

立憲民主党の長妻昭《ながつまあきら》衆院議員はNHKの「日曜討論」で、「裁量労働制」について、「電通の悲願でもあった」と発言した。裁量労働制では、残業時間を一定の時間と決めれば、それ以上残業しても残業代を出さないでよい。これを専門職から営業職に広げることが検討されていたのだ。

過労死遺族も、法案が通れば過労死は確実に増えると述べてきた。裁量労働制度も高度プロフェッショナル制度も、要するに企業が定額の賃金で無制限の残業を強《し》いる制度になる可能性が極めて高いものなのだ。

■捏造されていた裁量労働制のデータ

法案審議では、「裁量労働制」に関する政府データの重大な問題も発覚した。安倍首相は2018年1月末に、「裁量労働制で働く方の労働時間の長さは、平均的な方で比べれば、一般労働者よりも短いというデータもある」と答弁したが、この答弁が虚偽であることが発覚し、答弁の撤回に追い込まれた。

安倍首相がこの発言の根拠として用いたのは厚生労働省の「労働時間等総合実態調査」だが、同調査は極めて不自然で信用し難《がた》いものだった。２０１３年度の労働時間等総合実態調査では、一般労働者９４４９人の1日の残業時間を聞き取り、平均1時間37分としている。法定労働時間（8時間）を足すと9時間37分になる。他方、裁量労働制で働く人の平均労働時間は9時間16分だとした。

安倍首相はこの数値を根拠に、「裁量労働制の労働者のほうが、労働時間が短い」と答弁したのだが、統計そのものの信憑《しんぴょう》性が疑われたのである。調査内容に不自然な部分があまりにも多かった。調査結果では、９４４９人の一般労働者のデータのなかに1日の総労働時間が23時間を超える者がいた。20時間を超える者が23人もいた。23時間以上働いて、どのように帰宅し、どのように睡眠を取るのか。あり得ない数値だ。

「裁量労働制が長時間労働をもたらさないと主張するために、捏造されたデータではないか」との声が上がった。実際、そうだったのだろう。

安倍首相は「非正規という言葉をなくす」と発言したが、２０１７年4月から実施される有期雇用契約から無期への転換ルールを目前にして、企業は一斉に「雇い止め」に動いた。制度創設の当初から懸念されていた事態だった。

無期雇用契約への転換を回避するために、企業が有期契約の労働者に対して「雇い止め」＝「首切り」の行動を加速させたのだ。第1章で前述したように、安倍内閣の下では正規労働から非正規労働へのシフトが逆に加速してきているのだ。

現実に進行しているのは

1. 正規から非正規へのシフト加速
2. 長時間残業の合法化
3. 解雇の自由化
4. 定額残業させ放題制度の拡大
5. 外国人労働力の導入加速

である。

かつて日本は「一億総中流」と言われたが、現在の日本は「一億総下流」に近づいている。

安倍内閣が「成長戦略」の柱として「特区」という名の新しい利権を創設していることは前述した。その特区のなかに、家事代行サービス事業に外国人労働力を導入するというものがある。神奈川県で実施された事業ではパソナが事業者に選定された。パソナは竹中平蔵氏が会長に就任している。まさに、政商が跳梁跋扈《ちょうりょうばっこ》する利権政治、私物化政治が横行してしまっているのである。

外国人労働力導入の最大の狙いは賃金コストの引き下げである。低賃金で働く労働者が流入すれば、同種労働の賃金が全般的に下落する。外国人労働力の導入拡大は、国内の賃金水準を引き下げるために推進されているものである。また、解雇について、金銭での解決が広範に認められることになれば、労働者の地位は一段と不安定なものになる。

「正規」と「非正規」の垣根をなくすというのも、「非正規から正規」に統一するのではなく、「正規から非正規」に統一することが目論まれているのだと考えられる。

労働者の命と健康を守るために、欧州では「インターバル規制」が導入されている。退社してから出社するまでに最低11時間空《あ》けなければならないというものだ。インターバルがなければ、人間が自分自身を再生産することは不可能だ。

労働法制は、人間が人間らしく、豊かで健康に生きてゆけるためのものでなければならない。このような社会的要請を満たすためには、罰則を伴う厳しい規制が必要である。規制は悪でなく、必要不可欠なものだ。規制撤廃は資本の利潤動機を満たすためのものであり、労働者の処遇、身分の安定性、命と健康を守るには、逆に規制の強化、厳格化が必要なのだ。

この視点に立てば、規制撤廃を叫ぶ行動の裏側には、資本の利益優先という基本姿勢が存在することになる。実際、安倍内閣が推進する政策は、根本において、すべて企業利益の極大化を目指すものになっており、この意味では、きわめて分かりやすい、矛盾のない行動を示していると評価することができる。

企業が利益を極大化させるために、労働者を消耗品として使い捨てにすることを支援するための各種制度が設計、実施されていると言っても過言でない。

「成長戦略」は企業の利益の「成長戦略」であって、労働者の幸福の「成長戦略」ではない。この基本を正確に理解することが、安倍内閣の政策を正しく理解する核になる。

■私たちの賃金は19年間で13％減少した

厚生労働省が発表している「毎月勤労統計」によって、労働者の賃金所得の推移を知ることができる。賃金労働者の受け取る給与は本給、時間外手当、ボーナスに分けることができるが、このすべてを合計したものが「現金給与総額」である。そして、物価変動を差し引いた「実質賃金」は「指数」として発表されている。

第1章で述べたとおり、2015年の実質賃金指数の水準を100とすると、1996年は115・8だった。1996年から2015年までの19年間に、実質賃金指数は13・6％も減少した。実質賃金指数の変化こそ、労働者の実入りの変化で、日本の労働者の所得は20年間もの長期にわたって大幅に減り続けてきた。

2012年12月に第2次安倍内閣が発足してからだけで、実質賃金は約5％も減少した。アベノミクスは成功している「実感」がないのではなく、成功している「事実」がないのである。

雇用者数が増えたのは事実だが、その大半は非正規労働者だ。労働者全体の所得が減りながら、その減った総所得を分け合う人数だけが増えた。結果として、一人当たりの賃金が大幅に減少した。アベノミクスは大資本に絶賛されるものだが、普通の人々、圧倒的多数の主権者にとっては悪夢の政策体系でしかない。

一般労働者の所得は減少の一途をたどり、生活実態が下流へ下流へと押し流されている。後述する障害者に対する冷酷かつ卑劣な安倍内閣の対応も、これと軌を一にしている。

相対的に力の弱い者の生存権を守る、基本的人権を守るのが、本来の政府の役割であるはずだが、安倍内閣は真逆の政策方針を保持して、それを確実に実行している。弱肉強食主義者にとって、これほど優れた内閣は存在しないだろう。

■水増しされていた障害者の雇用数

いま日本では、企業や国家権力による「働かせ方」が大きな問題になっており、労働者である主権者の多数が「働かされ方」に極めて強い関心を持っている。

政府は障害者雇用を促進するための法律を制定し、雇用者全体に占める障害者雇用の比率について、ガイドラインを定め、その遵守《じゅんしゅ》を求めてきた。民間企業に対しては、ガイドライン未達の場合には軽くない金銭的なペナルティまで課してきた。ところが中央政府、そして地方政府、さらに裁判所などが障害者雇用者数の大幅改ざん、水増しを行なってきたことが明らかになった。

総務省や農林水産省など複数の省庁で、法律で義務づけられた障害者の雇用割合を過大に算出して、「水増し」していた事実が判明している。厚生労働省の指針が定める、障害者手帳や医師の診断書などによる確認を行なわず、対象外の人を「障害者の雇用」として算入していたのである。「国家の嘘」はとどまるところを知らない。

一定割合以上の障害者の雇用を求める障害者雇用率の制度は、1960年に国や自治体を対象に障害者雇用促進法として創設された。これが1976年に民間企業にも義務づけられた。心身に何らかの障害を持つ人たちの働く権利を保障し、それぞれの人が能力を発揮し、生きがいを持って働ける社会を目指すという理念に基づく制度である。

厚生労働省は、2017年の国の行政機関の障害者平均雇用率が2・49％で、前年の法定雇用率2・3％を大半の機関が達成していると公表していた。しかし、この数値が「虚偽」であることが判明したのだ。

従業員100人以上の企業の場合、障害者雇用率2・2％が法律に基づくガイドラインで定められている。この雇用率に達しない場合、不足1人当たり月5万円の納付金を徴収される。そして、その算定が正しく行なわれているか、定期的な訪問検査も実施されている。ところが、こうしたチェック体制は公的機関に対しては機能してこなかった。

たとえば厚生労働省所管の独立行政法人が、障害者を多く雇用しているように装う虚偽報告が2014年に発覚した。厚労省はこれを受けて、独立行政法人に対する検査を進めてきたが、国や自治体自体については検査対象としてこなかった。

国や自治体などの行政機関の障害者法定雇用率は、2018年4月から2・5%に引き上げられ、表向きは公的部門が障害者雇用に積極的であるとされてきた。しかし、現実には、検査も行なわれないなかで数値が「水増し」され、虚偽の数値が発表され続けてきたのだ。障害者に対する完全な裏切り行為である。

2018年8月28日、安倍内閣は、2017年6月時点で雇用していたと報告した6867・5人(短時間労働者は0・5人分と計算)のうち、国のガイドラインに反して不正に算入していた人数が3460人だったことを明らかにした。半分以上が虚偽=嘘だったのだ。最多は国税庁の1022・5人だった。

これは中央官庁だけの数値であり、水増しは地方自治体にも広がっていた。その総数はまだ集計されておらず、安倍内閣は全国調査を指示したとされる。真実の雇用率が0%台になる官庁が複数あることも判明している。

「水増し」が行なわれていなければ、国や自治体は、大幅に障害者を雇用していなければならなかった。つまり「水増し」は、障害者の雇用機会を大きく奪ったことにほかならない。安倍政治の基本方針は「戦争と弱肉強食」であると評価できる。「共生」を否定して「弱肉強食」を推進、奨励している。障害者に対する冷酷で卑劣な姿勢は安倍政治を象徴するものである。

これも「働かせ方」問題であり、労働者の側から見れば「働かされ方」問題である。パワハラ、セクハラ、マタハラなどの諸問題も、基本は「働かされ方」に関わる問題だ。

長時間残業、残業代未払い、不当解雇など、働かせる側の不祥事＝暗黒さが重大な社会問題になっている。これらを総称して「ブラック企業」や「ブラック雇用」と呼ぶ。自説で述べるが、東京五輪における政府の施策が「タダ働き＝ブラックボランティア」問題としてクローズアップされていることは、ブラックジョークと言うべきものである。政府が率先してブラックの方向に突き進むなかで、企業や市民に清廉《せいれん》さを求めることに本質的な矛盾がある。

No.④「2020東京五輪」の嘘

■原発事故は本当に「コントロールされて」いるのか

2013年9月7日、アルゼンチンのブレノスアイレスで開かれたIOC（国際オリンピック委員会）総会。

2020年夏のオリンピック招致に向けて、安倍首相は次のように述べた。

「フクシマについて、お案じの向きには、私から保証をいたします。状況は、統御されています」

英語での表現はこうだ。

"The situation is under control."

安倍首相は質疑応答では次のように答えた。

「汚染水による影響は、福島第一原発の港湾内の、0・3平方キロメートルの範囲内で完全にブロックされています」

しかし、これは真っ赤な嘘だった。福島第一原発の貯水タンクからは毎日300トンもの高濃度汚染水が漏洩《ろうえい》していた。汚染水が地下水に到達していたことも明らかになっていた。東京電力（東電）は、２０１１年4月4日から10日にかけて、港湾内に1万３９３トンの放射能汚染水を意図的に放出した。

そして東電は、1日で港湾内の海水の44％が港湾外の海水と交換されていることを明らかにした。港湾と外海が完全に遮断されているのではない。港湾は外海に接し、港湾内の汚染水は1日で約半分が外海の海水と交換されているのである。

「港湾内で完全にブロックされている」——首相は嘘をついたのだ。

買収工作

五輪で活躍するアスリートに責任があるわけではなく、多くの市民がスポーツに関心を持ち、スポーツの祭典を歓迎していることは事実であるし、そのことを否定する考えは毛頭《もうとう》ないが、五輪招致が営利目的で推進されてきたこともまた、紛《まぎ》れもない事実である。広告代理店とゼネコン、そして利権政治屋が利権追求で推進してきたものである。五輪招致に際して巨額の賄賂《わいろ》が贈られていたことも判明した。

オリンピック、パラリンピックにかこつけて利権に群がる寄生虫が蠢《うごめ》く。「オリンピック」を事実に即して「営利事業」と位置づけた上で、その興業を行なうべきである。しかし、東京五輪・パラリンピックには重大な問題点が多い。

日本が招致活動で謳《うた》った「コンパクトな五輪」は、単に地理的な問題を表現したものでない。費用の面でも「コンパクト」にすることを謳っていた。そもそも、日本の主権者＝国民は五輪招致に積極的でない。各種のリサーチでも、その調査対象や時期によってばらつきはあるが、「2020東京五輪」の賛成派は50％程度だ。五輪に注ぐ財政資金があるなら、その前に注ぐべき対象があると考えている人が多い。バブル崩壊後の日本の30年間は、まさに暗闇の時代だった。いまなおトンネルの出口は見えない。現実を冷静に見つめる市民は、五輪騒ぎを冷ややかな目で見ている。

招致の段階で、東京五輪費用は施設関連費として新国立競技場などの建設費等で約3600億円。これに諸経費を加えて約7300億円としていた。しかし、現実には3兆円を超す可能性がある。

大会組織委員会が見込む収入は5000億円。残りを誰が負担するのか。

さらに、オリンピック東京招致の主体となった招致委員会（東京都が所管するNPO法人。2014年1月に解散し、五輪の運営は大会組織委員会が継承）が不正資金を支出した疑いも浮上した。2013年7月と10月に、「2020年東京オリンピック招致」の名目で、IO

C委員で国際陸上競技連盟前会長のラミアン・ディアク氏の息子が関係するシンガポールの口座に、招致委員会から2億2300万円の送金があったことを把握した、とフランスの検察当局が発表（2016年5月12日）。英紙ガーディアンの報道を受けて、日本のメディアが報じた。

しかし、その第一報後は、この巨大疑惑が大々的に報道されることはなかった。オリンピックなどの国際的スポーツイベントを取り仕切り、メディアを支配する「電通」の存在に怯《おび》えた行動であると考えられる。広告代理店の電通は、スポンサーを集める専任代理店として、招致委員会と契約を結んでいた。

招致委員会はシンガポールの「ブラックタイディングス社」にコンサルタント費名目で約2億3000万円を支払った。IOCが東京招致を決定した総会は、安倍首相が「アンダー・コントロール」宣言をした2013年9月7日、アルゼンチンのブエノスアイレスで開かれている。その少し前、日本では2013年4月に猪瀬《いのせ》直樹《なおき》都知事（当時）が「イスラム諸国はけんかばかり」と発言してイスラム諸国の反発を招き、7月には福島第一原発の汚染水漏れが海外に伝わった。

このような状況下で「ブラックタイディングス社」代表のイアン・タン氏が招致委員会

に売り込みをかけてきたという。2013年8月にモスクワで陸上世界選手権が開催され、陸上関係者を中心にIOC委員が集まる。招致委員会は電通に照会をかけ、タン氏が2015年北京世界選手権招致で実績があることを確認して、タン氏のブラック社とコンサルティング契約を締結したということだった。

JOC（日本オリンピック委員会）は、招致委員会がコンサルティング会社と正規に契約を締結し、資金を支払ったのであれば問題はないとの趣旨の説明を示したが、この主張は正当性を持たない。IOC委員は公務員ではないから刑法上の賄賂罪は成立しないという。しかし、だからといって、招致委員会がIOC総会で東京招致を決定するため、買収工作を行なっても問題がないということにはならない。

買収工作があったことが事実だとしても、買収を実行したのはコンサルティング会社であって、コンサルティング会社に対して「招致実現に向けての各種対応」を依頼した招致委員会には責任がないとの主張も、オリンピックの招致活動に公費が投入されていることを踏まえれば通用しない。

「2020東京五輪」の招致活動総経費は88億4900万円で、このなかの40億9800万円が国際招致活動費用、7億8600万円が海外コンサルタント費用である。問題は、この招致活動の原資に東京都の負担金34億5600万円が含まれていることだ。招致活動の総経費の負担は、民間からの寄付や協賛金を集めていた招致委員会が53億9300万円、東京都が34億5600万円負担した。

会計区分上、海外コンサルタント費用が、東京都の負担金からではなく、招致委の経費負担分から支出されたというが、お金に色がついているわけではない。賄賂は民間資金で賄《まかな》い、それ以外の部分を公金で賄ったとの説明は通用しない。招致活動に公金が投入される以上、招致活動全体の透明性と公正性が求められる。

重要なことは買収工作があったのかどうかである。「買収工作」があった場合、招致委が具体的に買収工作を確認していたのかどうかは重要でない。「買収工作」のような「特殊な活動」がないのに、ペーパーカンパニーに近いコンサルタント会社に2億円を超す資金提供が行なわれたこと自体が「特殊な任務」の存在を想起させるもので、疑いは濃厚だ。

利権に群がる寄生虫たち

五輪が推進されているのはスポーツ振興のためではない。「スポーツ振興のための五輪招致」という看板が真実を覆《おお》い隠すカムフラージュの役割を果たしている。五輪が推進されているのは、五輪が巨大利権の塊《かたまり》であるからなのだ。五輪で甘い汁を吸おうとする吸血勢力が五輪を推進している。

「2020東京五輪」の総費用が、いま見積もられている3兆円であるとしよう。3兆円という規模は日本の原子力ビジネスの規模に匹敵する。重大な危険性が立証されて、原発には経済合理性がないことが判明したが、安倍内閣はフクシマ原発事故が収束しないいまなお、原発稼働を推進している。その際、最大の理由として示されるのが「原子力ムラの規模が大きすぎて潰せない」というものだ。巨大産業であるから解体するのが難しいのだという。

その原子力産業が年間3兆円規模と言われる。これを踏まえても、オリンピック開催の総費用3兆円がいかに巨大な利権であるのかが分かる。この利権に群がる寄生虫がオリンピック熱を煽《あお》っている。

「五輪招致に国民も賛成」というのもフェイクニュースである。国民の多くはスポーツ観戦が好きだから、五輪にも関心は高い。サッカーのワールドカップも老若男女を問わず多数の人々の関心を集める。オリンピック観戦は楽しいか、オリンピックを生で見てみたいか、と問われれば多くの人々はイエスと答えるだろう。しかし、このことは、ただちに「五輪招致に賛成」であることを意味しない。

五輪招致には国費、公費が投入されるのであり、私たちが負担している税金が投入される。税金で賄わなければならない政府支出はあらゆる分野に広がっている。財政支出に対する要請、需要は無限に広がっていると言ってよいだろう。しかし、財源が無限に広がっているわけではない。限られた財源で財政を運営している。財政支出に対する需要が強すぎて、政府が常に赤字で苦しんでいると報じられている。政府は足りない資金を借金で賄い、その借金が天文学的な規模に膨らんでいることも伝えられている。その真偽については後段で検証したいが、財政需要が無限に広がっていることだけは間違いない。

財政をどのように運営するのかというのは、突き詰めて言えば「優先順位」の問題だ。財源が限られている以上、優先順位をつけて、優先度の高いものから実施するしかない。優先順位の低い支出は実行するべきでない。家計のやりくりを考えても当然の判断だ。

この視点で日本の国民に五輪招致の是非を問うなら、多数の国民がNOの意思を示すだろう。政府は世論調査結果を誇示するが、世論調査ほどあてにならぬものはない。調査の回答は、質問の方法でどのようにでも誘導できる。新聞社の世論調査担当者が興味深いエピソードを教えてくれた。忘年会の詳細をアンケートで決めたように見せかけて、主催者の予定どおりに実施する方法があるのだという。特定の選択肢に多数の回答が集まるように選択肢を設定するのだ。あらかじめ平均的な参加者の思考回路を想定し、特定の選択肢に回答を誘導するのだ。失敗はないと豪語していた。選択肢の種類、質問の言い回しなどで世論調査の結果を「創作」するなど、わけのないことなのだ。

■ブラックボランティア

２０２０年の東京五輪では、11万人のボランティアが求められているという。そのボランティアが10日間拘束で報酬ゼロ、さらに経費も自己負担だというのだ。五輪のボランティアの問題を、いち早く指摘してきたのは大手広告代理店・博報堂《はくほうどう》で18年間営業を担当してきた作家の本間《ほんま》龍《りゅう》氏だ。

本間氏は著書『ブラックボランティア』（角川新書）、『電通巨大利権―東京五輪で搾取《さくしゅ》される国民―』（サイゾー出版）に、政府と電通が推進する「ブラックボランティア」＝「国民ただ働かせ」の闇を記述している。

その詳細は同書に譲るとして、「オリンピックだからボランティア」と言うなら、すべてボランティアにしなければ筋が通らない。会場建設もすべてボランティアでやるべきだろう。電通の業務もすべてボランティアにするべきということになる。ここで言う「ボランティア」とは「経費分」を受け取り、利益をゼロにするということではない。人件費を含めてすべてを自己負担でやるということだ。

五輪スタッフとして11万人が必要であり、そのスタッフを無報酬、経費自己負担にするタダ働きボランティアにすることが不当なのだ。その最大の理由は、五輪自体が「究極の営利事業」になっているからである。

本間氏が著書で指摘するように、「スポーツ貴族」のＪＯＣと大会組織委員会、そして五輪の実施を1社独占で担当する電通の社員たち。それぞれの多くが、いずれも年収１０００万円以上の高給取りである。

ボランティアで駆り出される人々の経費がすべて自己負担であるのに対して、高給取り

ボランティアの応募を受付中

「東京ボランティアナビ」のウェブサイトから

の主催者スタッフは一銭も自腹を切らない。スポンサー収入は推定4000億円だと本間氏は指摘する。

安倍内閣はせっかく「高度プロフェッショナル制度」を強引に創設したのだから、**JOC職員、組織委員会職員、電通で五輪事業に携わる職員の数を3分の1に減らして「高度プロフェッショナル制度」を活用してはどうか。**「高度プロフェッショナル制度」は年収の多い労働者に対して、労働時間ではなく労働成果に対して対価を支払う制度だ。労働者の側は睡眠時間を減らしてでも、請け負《うお》う業務を完遂《かんすい》しなければならない。制度創設に反対する人々が、過労死促進の制度だと批判する制度である。これを活用すれば、人員を大幅に圧縮できるはずだ。そもそも、その狙いで新制度が創設されたのだと見られている。

本間氏の問題提起などにより、雀《すずめ》の涙ほどの記念品もしくは1000円程度の交通費が検討され始めたが、遠方からのボランティアに対する実費の支給はない。宿泊費用支給もない。完全なブラック対応なのだ。「ブラックボランティア」を、本年または2020年の流行語大賞にすればよいと思う。

安倍内閣は「ブラックボランティア」を強引に推し進めるために、2018年8月に山口県周防大島《すおうおおしま》町で行方不明になった2歳の男の子を、山に入ってわずか30分で発見して救出した尾畠春夫《おばたはるお》さんを「スーパーボランティア」と命名して、メディア総動員で大キャンペーンを展開させた。裏側に電通の工作活動があったことと推察する。

尾畠さん自体は、素晴らしい尊敬されるべき方だが、これを利己的に利用する悪徳者の姿勢が醜悪だ。東京五輪に際して、日本の市民が発しなければならないキーワードは、「スーパーボランティア」ではなく「ブラックボランティア」である。

尾畠さんに日本全体が喝采を送るのは当然のことだ。しかし、それを「ブラックボランティア」のために利用しようとするのは、あまりに悪質だ。

本間龍氏の上掲書『ブラックボランティア』に、ボランティア活動の本質についての記述がある。

ボランティア学の専門家、山田恒夫《やまだつねお》氏によれば、そもそもボランティア活動とは、「自発性」、「非営利性」、「公共性」が中核的特徴だという（『国際ボランティアの世紀』14ページ）。だとすれば、50社（18年6月現在）からなる国内スポンサーから巨額の資金を集め、スポンサーの利益を至上主義とする東京五輪は、ボランティア活動の定義から外れることは明らかである。あまりにスポンサー利益を重視しすぎた結果、２０１８年の

平昌《ピョンチャン》五輪では、アスリートが所属する企業や出身校での壮行会すら公開できない事態が発生したのだ。（振り仮名は引用者）

ＪＯＣと組織委が巨額のスポンサー収入を得るため、代表選手のビジュアルを使用できるのは公式スポンサーだけとされ、公式スポンサーでない企業や学校は、壮行会を公開できないし、写真や動画をＨＰやＳＮＳなどにも投稿できないこととされた。つまり、スポンサーが五輪を金の力で買い取って私物化しているのである。

五輪を取り仕切るＪＯＣ、組織委、そして電通が、五輪を完全な「営利事業」として展開し、スポンサーのアスリートに対するアクセス権を含めて、完全に「商品化」しているのである。そのために、一般市民からのアクセスが完全排除されてしまっている。五輪をそのように「完全営利事業」、「営利の祭典」にしてしまっている以上、五輪運営のために必要な11万人の労働力に対しては、適正な対価を支払うべきである。

11万人に1日1万円、10日間の賃金を支払っても、その合計額は11億円である。スポンサー収入が４０００億円あり、ＪＯＣや組織委員会スタッフ、電通職員が高額報酬を受け取りながら、五輪のために汗水流す市民をタダ働きさせるのは、究極の「ブラック」としか言いようがない。完全な「搾取」である。この「ブラックプロジェクト」を日本政府が推進していることが問題だ。究極の「ブラック政府」である。

狙われているのは学生である。学生に「営利の祭典」のための「労働力無償提供」させる国家プロジェクトが推進されている。本間龍氏は、日本の学生全体に、「ブラックボランティア」に引き込まれないように注意を喚起している。その注意をさらに喚起するためにも、「ブラックボランティア」という言葉を流布させる必要がある。

スポーツファーマシスト問題

本間氏の著書にも引用されているが、2017年9月17日に薬剤師の奥谷元哉《おくたにもとや》氏がブログにアップした記事が話題になった。

《ブラック企業?!　オリンピックのスポーツファーマシスト募集要項がひどすぎる》

https://mettagiri.com/black/

スポーツファーマシストとは、薬剤師が日本アンチ・ドーピング機構の講習や試験を経て認定される資格である。奥谷氏は、大阪府薬剤師会から届いた2020年東京オリンピック・パラリンピックのスポーツファーマシスト募集要項の酷《ひど》すぎる内容に絶句して、ブログに記事として掲載した。

募集要項の要点は、「報酬および旅費の支給なし」、「宿泊施設の手配なし」、「10日程度の勤務」、「英語で服薬指導ができる」、「公認のスポーツファーマシスト」、「36人必要」というもの。

この募集要項は、大会組織委員会の依頼を受けた日本薬剤師会から、各都道府県の薬剤師会を通じてメールで送られたものだという。

奥谷氏はブログで、「交通宿泊費支給は当然のこと、日当も最低3万円は出さないと人材に見合いません」と指摘。「立派な箱を異常な経費で建設し、人件費はボランティアでなんとかする。なんで箱もボランティアで建設できないのでしょうか？　オリンピック運営に関われたら名誉だからタダ働きでもいいだろう。悪質すぎませんかオリンピック運営というのは」と述べている。

2018年7月に発生した西日本の豪雨災害では、250名を超す死者が発生した。平成最大級の豪雨災害になった。この大災害の復旧作業に多数の市民がボランティア参加した。このことについてメディアは、「まだボランティアが不足している」だの、「もっと義《ぎ》捐金《えんきん》寄付を求める」などの報道を繰り返した。

人が困っているときに、自分にできることで、困っている人の助けになりたい。このような善良な心と行動を示す多数の人々がいる。美しい心であり、美しい行動だ。しかし、政府が市民の善良さにつけ込んで、市民の労働力を不正利用する「市民からの搾取」を行なうことに正当性はない。

国民の命と暮らしを守るのが政府の役割である。政府は、主権者である国民が、主権者のために動く組織を、主権者自らの手でつくり出したものだ。史上最悪の豪雨災害のときに、政府が主権者国民のために動くことは当然のことで、それが政府の根源的な役割である。

災害復旧は政府が責任をもって実行するべきこと。政府が投入できる人員に限りがあるなら、一般市民の参画を求める必要が生じるが、その労働に見合う対価を国が支払うべきことも当然だ。この「対価」は「お上《かみ》」が「下々《しもじも》」に「恵《めぐ》み」を施すものではない。市民が自ら拠出している税金を、災害復旧のために投じるだけのことである。このような局面でも、市民からの搾取が横行しているのが日本の現実だ。

橋が流され、道路が流されれば、これを復旧する。このとき、この工事を「ボランティアで」やれとは言わないだろう。災害復旧に公費を投入するのは当然のことである。主権者である市民が災害復旧に公費を投入することを是としているからだ。

主権者の命と暮らしを守ることに財政資金を投下するのは当然のことなのである。「ボランティア」の名の下に国民を「タダ働きさせる」風習を通用させるべきでない。完全な営利事業になってしまっている五輪では、開催運営に必要なスタッフは、すべて有償雇用にするべきである。

■国威発揚・学徒動員・滅私奉公《めっしほうこう》

オリンピックについて、2016年8月21日のNHK番組「おはよう日本」に登場したNHK解説委員の刈屋富士雄《かりやふじお》氏は、「何のためにオリンピックを開くのか、その国、都市にとって何のメリットがあるのか」との問いを投げかけ、五輪のメリットとして真っ先に「国威発揚」を示した。

2016年7月3日のブラジル・リオデジャネイロ五輪結団式で日本選手が国歌を歌わなかったことを、東京オリンピック組織委員会委員長の森喜朗《もりよしろう》氏は「どうしてみんなそろって国歌を歌わないのでしょうか。国歌も歌えないような選手は日本の代表ではない。私はそう申し上げたい」と述べた。結団式の式次第には「国家独唱」と記述されており、参加選手は「独唱」だから自分は歌わずに、「独唱」を聴いていたわけだが、森氏としては、「国威発揚」のオリンピックに出場するのだから「君が代」を歌えということだったのだろう。

ＪＯＣは、ウェブサイトで〈「人間の尊厳の保持に重きを置く平和な社会を奨励する」というオリンピック憲章の精神は、戦争や独裁政治、国威発揚とは相いれない〉と謳った上で、サイト上の「オリンピズムってなんだろう」と題したコーナーに次のように記している。父親が幼い娘の質問に答える形式だ。

父　（オリンピック憲章の）第1章では、オリンピック競技大会についてさらにこんなことが書いてあるよ。

オリンピック競技大会は、個人種目または団体種目での選手間の競争であり、国家間の競争ではない。

娘　それってどういうこと？

父 つまり、オリンピックは国同士の競争ではなくて、その競技に出場する選手やチーム同士の競争です、と定めているんだ。

娘 でも、表彰式では勝った選手の国の国旗をかかげたり、国歌を演奏したりしているよ。

父 それは、メダルを獲得した選手たちをたたえるための、ひとつの方法としてやっているんだ。

お父さんも含めて、みんなはメダルの数を国別で数えたりして、ついついオリンピックを国同士の競争のように見てしまいがちだろう？　でも、オリンピックで勝利をおさめた栄誉は、あくまでも選手たちのものだとオリンピック憲章では定めていて、国別のメダルランキング表の作成を禁じているんだよ。

ナチス・ドイツはオリンピックを国威発揚の場にした。聖火リレーの導入やサーチライトを使った光の演出など、権力を世界に見せつけるためにオリンピックを徹底的に政治利用した。その反省から生まれたのが、オリンピック精神の根本原則を示した「オリンピック憲章」なのだ。

「2020東京五輪」のボランティア動員のために、安倍内閣は文部科学省とスポーツ庁から全国の大学と高等専門学校に対して、大会期間中は授業や試験をやらないよう通知を出したことが報じられた。もちろん学生をボランティアに参加させることが目的だ。

東京オリンピックは7月24日から8月9日にかけて、パラリンピックは8月25日から9月6日まで実施される予定だが、文科省は、すべての大学、高専に、授業や試験がこの大会期間と重ならないよう対応を促《うなが》したのである。

東京オリンピックに際して募集されるボランティアは、大会の運営に直接関係する「大会ボランティア」と、交通案内や観光案内などを行なう「都市ボランティア」の二つに大別される。前者は8万人、後者は3万人、それで合計11万人のボランティアが必要だとされるのだ。これは、2012年のロンドン大会7万人を上回る過去最大の規模である。

前述したスポーツファーマシストの例にもあるように、運営側は、合計10日以上活動でき、指定するすべての研修に参加できることを大会ボランティアの応募条件としている。だが基本的にすべてがタダ働き、無償の業務である。1日の労働時間は8時間で、1日1回を原則とする飲食は支給されるが、交通手段や宿泊場所は各自が手配し、費用も自己負担。批判が噴出したことから、2018年6月になって、組織委は1000円程度の交通費を認める方針を出したが、遠方からの参加者にとっては焼け石に水の金額にすぎない。「滅私奉公《めっしほうこう》」で労働力を無償提供せよというのが安倍内閣の基本スタンスなのだろうが、時代錯誤である。

このまま進むと、東京五輪・パラリンピックのキーワードは、「国威発揚」、「学徒動員」、「滅私奉公」ということになる。安倍内閣が存続し続けるならば、まさに安倍内閣にふさわしい五輪になるとの見方も成り立つだろう。巨額の税金とスポンサー収入によって、ゼネコンと広告代理店と利権政治屋だけが甘い蜜を吸い上げ、多くの市民が労働力と各種経費を搾取される。その構造は、あまりにもいびつである。国民が「国家の嘘」に気づかないといけないのだ。

4章　捏造と隠蔽と

No.⑤「日航ジャンボ機123便」の嘘

■墜落《ついらく》直後には多くの生存者がいた

１９８５年８月12日の日航ジャンボ機１２３便墜落《ついらく》から33年の時間が経過した。私たちは、この事故＝事件の「知られざる真実」に迫らなければならない。この墜落事件では乗員乗客５２４名のうち５２０名が死亡した。亡くなられた方々のご冥福《めいふく》を、改めて心からお祈りする。

この事故＝事件で生還を果たした日本航空ＣＡ（当時はアシスタントパーサー）の落合由美《おちあいゆみ》氏は、墜落直後の状況に関して重要な証言を示す。吉岡忍《よしおかしのぶ》氏の『墜落の夏―日航１２３便事故全記録』（新潮社）に収録された貴重な証言を紹介する。

《墜落の直後に、「はあはあ」という荒い息遣いが聞こえました。ひとりではなく、何人もの息遣いです。そこらじゅうから聞こえてきました。まわりの全体からです。

「おかあさーん」と呼ぶ男の子の声もしました》

つまり、多数の乗員または乗客が生存していたことを落合氏は証言している。

しかし、公式発表の事故調査報告書は、

「救出された4名以外の者は即死もしくはそれに近い状況であった」

としている。両者の間に決定的な相違がある。

落合氏は実際に墜落したジャンボ機に搭乗していたのであり、自分自身で現場を体験している。これに対して、事故調査報告書を書いたのは、事故当時の現場にはいなかった人物、あるいは「機関」＝「組織」である。どちらの説明の信憑性が高いのかは明らかだろう。

落合氏は飛行機に衝撃音が発生した直後の状況についても証言している。

《そろそろ水平飛行に移るかなというとき、「パーン」という、かなり大きい音がしました。テレビ・ドラマなどでピストルを撃ったときに響くような音です。「バーン」ではなくて、高めの「パーン」です。急減圧がなくても、耳を押さえたくなるような、すごく響く音。前ぶれのような異常は、まったく何も感じませんでした》

《「パーン」という音と同時に、白い霧のようなものが出ました。かなり濃くて、前の方

が、うっすらとしか見えないほどです》
《その霧のようなものは、数秒で消えました。酸素マスクをして、ぱっと見たときには、もうありませんでした。白い霧が流れるような空気の流れは感じませんでした。すっと消えた、という感じだったのです》
《このときも、荷物などが飛ぶということもなく、機体の揺れはほとんど感じませんでした。しかし、何が起きたのだろうと、私は酸素マスクをしながら、きょろきょろあたりを見まわしていました》

落合氏の証言は続く。

《あとになって、8月14日に公表されたいわゆる『落合証言』では、客室乗務員席下のベントホール（気圧調節孔）が開いた、とありますが、私の座席からはベントホールは見えない位置にあります。ですから、開いたのかどうか、私は確認できませんでした》

航空機では圧力隔壁《かくへき》が破損すれば、急減圧で機内に濃い霧が発生する。過去の機体破損の事故で共通して起きている。だが、123便では、その霧は「数秒」で消えており、空気の流れも生じなかった可能性が高い。

衝撃は18時24分に起き、機体に異常が発生して、結局、18時56分、123便は群馬県多《た》野《の》郡上野《うえの》村の高天原山《たかまがはらやま》の尾根（通称「御巣鷹《おすたか》の尾根」）に墜落した。捜索隊が墜落現場を確認したのは、墜落から10時間が経過した13日午前8時半ころ。

救難活動が遅れて、乗員乗客524名のうち、520名が死亡したとされている。

しかし、墜落から20分後には米軍機が墜落現場を確認しており、午後9時頃まで海兵隊ヘリと米軍機が救援活動を展開したが、横田《よこた》基地の司令部から帰還を命じられた。それでも米軍機は、午後9時20分頃に日本の自衛隊機が現場に到着するのを確認して帰還したということなのだ。

その後、日本のヘリコプターが現場にやっと到着したのは、翌日の午前4時40分。午前7時15分になって日本の捜索隊は、自衛隊のレンジャー部隊をヘリコプターで吊り下ろすことを決断した。救援活動が開始されたのは翌朝午前8時半である。米軍ヘリコプターによる救援活動が許可されなかった時点から11時間も経《た》っていた。

■空白の11時間

元日航客室乗務員の青山透子《あおやまとうこ》氏は2010年に刊行した著書『日航123便 あの日の記憶 天空の星たちへ』（マガジンランド）で、事故当時に横田基地に配属されていた米空軍の輸送機C－130のパイロット、マイケル・アントヌッチ中尉の証言を紹介している。

1995年8月27日付「星条旗新聞」（Stars and Stripes）の記事である。

《当機は、陽が長くなった夏の夕日が沈みかけていたころ、機首を北北西に進路を取った。午後7時15分、航空機関士が1万フィート付近で雲の下に煙のようなものが見えるのを発見したので、ゆっくり左に旋回し、そちらへ方向を向けた。御巣鷹山の周辺はとても起伏が多かった。地表からおよそ2000フィートまで降下する許可を得た。墜落機残骸を発見したのは、あたりはだんだんと暗くなり始めていた時だった。山の斜面は大規模な森林火災となり、黒煙が上がり、空を覆っていた。時刻は7時20分だった。

当機の指揮官、ジョン・グリフィンは、墜落機残骸の上空2000フィートで旋回していた。私は地上との高度をモニターし、横田までの位置関係を確認した。事故現場から横田までの緯度、経度、方向と距離を連絡した。墜落後、およそ20分で当局は墜落機残骸の位置をつかんでいたのだ。横田管制から、我々の現在地から約40マイルの厚木基地から、米海兵隊が救難に向かう準備をしていることを聞いた。1時間で到着できただろう》
《当機は8時30分まで旋回を続けた。そのとき、海兵隊のヘリコプターが救助に向かっているので方向を知りたがっている、といわれたので、墜落現場までの方位を教え、当機のレーダーで地上から空中までを探してみた。8時50分までに救援ヘリのライトを視認できた。ヘリは偵察のため降下中だった。
　午後9時5分に、煙と炎がひどくてとても着陸できないと海兵隊が連絡してきた。われわれに、司令部に連絡してくれと頼んできた。私が司令部に連絡を取った。
　将校は「直ちに基地へ帰還せよ」「日本側が向かっている」といったので「司令部、海兵隊は救助続行を希望している」といったが、「繰り返す。即刻、基地に帰還せよ。海兵隊も同様」と命令された。私は「了解。基地に帰還する」と応答した》
（青山氏の著書および米田憲司《よねだけんじ》氏『御巣鷹の謎を追う』〔宝島社〕による）

C－130は午後9時20分に、最初の日本の飛行機（自衛隊機）が現われたのを確認して現場を引き揚げた。

アントヌッチ中尉の証言で、ジャンボ機の墜落現場は米軍機によって墜落して20分後には確認されていたことが分かる。そして、墜落から2時間後には米軍救援ヘリが現場に到着している。

事故当日、自衛隊機が現場を確認していた事実は、ＮＨＫもスペシャル番組で報じている。「ＮＨＫスペシャル　日航ジャンボ機事故　空白の16時間　～〝墜落の夜〟30年目の真実～」（２０１５年8月1日放送）だ。

この番組には、墜落当日夜にヘリコプターで墜落現場を視認した自衛隊パイロットの証言が収録されている。それによると、自衛隊は現地に2機目のヘリコプターを、13日午前0時36分に入間基地から派遣。機長の金子《かねこ》正博《まさひろ》氏は、このフライトで墜落現場を上空から確認したと証言した。

同時に地上では、群馬・長野県境のぶどう峠から、長野県警の大澤忠興氏が、航空自衛隊ヘリコプターが墜落現場を上空から確認し、サーチライトを当てている場面を正確に伝えていた。なお航空自衛隊の金子氏が墜落現場を報告する際に、地上の警察車両（大澤氏）の位置を「北北西30度4マイル」とするべきところ、「北北東30度3マイル」と誤ったと

なぜ救援活動は遅れたのか

墜落から9日後、遺体収容作業をする自衛隊員（1985年8月21日）

写真／時事

ＮＨＫ番組は伝えるが、真実であるか疑わしい。

またこの番組は、ジャンボ機が墜落した直後の午後7時5分に、長野県南佐《さ》久《く》郡川上《かわかみ》村に在住する中嶋《なかじま》初女《はつめ》さんという女性が、長野県南佐久郡臼田警察署に対して墜落現場の正確な情報を知らせていたことも示す。

このように、墜落現場はジャンボ機墜落の20分後には確認され、米軍海兵隊ヘリも現場に到着して救援活動を試みようとした。しかし、米軍機は司令部から帰還を命じられた。それでも米軍機は日本機が到着するのを待って現場を離れたのである。深夜にかけて自衛隊も現場で墜落現場を確認したにもかかわらず、公式の救援活動は翌朝8時半まで行なわれなかった。墜落地点情報が錯綜して、多数の関係者が振り回されたのである。

米軍機が現場を離れてからから救援活動が始動するまでに約11時間の空白がある。落合氏の証言を踏まえれば、空白の11時間に救援活動が実行されていれば、多数の乗員乗客を救出できた可能性が高かったと思われる。

1987年6月19日に航空事故調査委員会は、同機が「1978年6月2日に伊丹空港で起こしたしりもち着陸事故後の、ボーイング社による修理が不適切であったために圧力隔壁が破損したことが事故原因である」との報告書を公表した。

しかし、この事故調査報告書をにわかに信用することはできない。

■オレンジエア

謎を解く最大のポイントは、123便の衝撃音発生直後にコックピットで発せられた言葉である。18時24分に大きな衝撃音が発生した直後に、コックピットのフライトエンジニア（航空機関士）が重大な言葉を発している。

その言葉とは「オレンジエア」。

事故調査委員会の報告書は、ボイスレコーダーに記録されたコックピット内の会話を記載しているが、それには「オールエンジン」とある。また、このボイスレコーダーの音声の解析結果を紹介したフジテレビの番組「ザ・ノンフィクション『15年目の検証』」（2000年11月19日）では、「ボディギア」ではないかとする。しかし、どちらにも聞こえない。音声は、ネット上に公開されている動画情報「ザ・ノンフィクション　日本航空123便墜落事故　15年目の検証」（https://www.youtube.com/watch?v=7poQ8oyuBQM）の22分35秒以降の部分で確認できる。

衝撃音の直後に「スコーク77」が発せられた。これは無線による緊急事態発生の信号である。その直後にフライトエンジニアが発した言葉は、何度確認しても「オレンジエア」であり、「オールエンジン」でも「ボディギア」でもない。

調査報告書もフジテレビ番組も、誰がどう聞いても「オレンジエア」としか聞こえないフレーズを、なぜ「オールエンジン」や「ボディギア」としているのか。「オレンジエア」と表記することに、何か重大な支障があるとしか考えようがない。

この素朴な疑問に問題の本質が隠れていると思われる。

日航機123便の機長である高浜雅己《たかはままさみ》氏は、異常音が発生した直後に「スコーク77」を発信している。その後のコックピット内を時系列で記すと、以下のとおりである。

（18時24分42秒）

機長　スコーク77

副操縦士　ギアドア

機長　ギア見て、ギア

航空機関士　えっ

機長　ギア見て、ギア

（18時24分46秒）

機長　エンジン？

副操縦士　スコーク77

航空機関士　オレンジエア

（18時24分51秒）

副操縦士　これ見てくださいよ

航空機関士　えっ
航空機関士　オレンジエア
副操縦士　ハイドロプレッシャー見ませんか？
機長　なんか爆発したよ

１２３便の最後尾、56Ｇ席に搭乗していた乗客の小川哲氏（当時41歳）が、ジャンボ機に接近する謎の飛行物体に気がつき、それをカメラに収めていた。衝撃音が発生したのは同機が伊豆半島東側沿岸の海上部を飛行していた頃であったと考えられる。写真は事故から５年後の１９９０年10月14日、朝日新聞朝刊に掲載された。

青山透子氏の著書『日航１２３便墜落の新事実　目撃証言から真相に迫る』（河出書房新社）に、この写真に関する記述がある。写真をパソコンで拡大するとオレンジ色になり、画像処理の専門家による写真の検証では、「円錐《えんすい》もしくは円筒のようなものを正面右斜めから見たようなイメージで、この物体はオレンジ帯の方向から飛行機の進行方向に向かっているように見える」ということである。

「オレンジエア」は航空自衛隊演習用兵器の呼称であると考えられ、日航機１２３便は

「オレンジエア」によって尾翼の大半を喪失、操縦不能に陥り、最後は山中に墜落したとの疑惑が存在する。

ネット上のサイト「日本航空123便墜落事故を検証する」が、全体の状況から一つの推論を提示している。「123便に衝突したのはファイア・ビーとチャカ2」という分析は次のように記す。

《事故当日、事故現場の相模湾では、相模湾《さがみ》内で護衛艦「まつゆき」が試験航行していた。すでに指摘されているように、誘導レーダーの実験演習が行われていて、123便の衝突したのは実証実験中の誘導ミサイルと考えることは自然である。

ネット上での説は、無人標的機のファイア・ビーが犯人であるとしているが、ボイスレコーダーに衝撃音が2度あることから、無人標的機のファイア・ビーとそれを追尾していた誘導ミサイルのチャカ2が連続して123便に衝突したと考えるべきである》

《日本航空123便は、離陸から12分後の18時24分、相模湾上空を巡航高度の7200mを南西方向に機首を向けて上昇していた。

同時刻に、誘導ミサイルの実証実験をしていた護衛艦「まつゆき」から発射された無人標的機のファイア・ビーとそれを追尾する模擬誘導ミサイルのチャカ2は、高度７０００m付近を南東方向の縦に並んで水平飛行していた。

　南東に向けて水平飛行していた「ファイア・ビー」と「チャカ2」は、南西に向けて上昇中の日本航空１２３便にクロスするように衝突。先頭を飛んでいた「ファイア・ビー」は、１２３便の胴体の中央下部に、「ファイア・ビー」を追尾していた「チャカ2」は、１秒遅れて水平尾翼に衝突した。この時の衝撃音が、18時24分35秒と36秒の衝撃音。

日本航空１２３便は、胴体中央下部への衝突で油圧系統が損傷。さらに、車輪格納扉が落下もしくは開放され、機内は着陸警報が１秒間鳴り、同時に急減圧による白い霧が発生し酸素マスクが自動降下した。

　１秒後に「チャカ2」は、水平尾翼に衝突して垂直尾翼が落下。水平尾翼が、進行方向に対して機尾が九の字の跳ね返り、さらに右舷《うげん》に傾いた。以降、１２３便は、直進の際に、機首が上を向きながら右へ傾くようになる》

(http://www.link-21.com/JAL123/022.html　誤字の訂正と振り仮名は引用者)

■自衛隊機の追尾

青山透子氏は、事故当日に、自衛隊機ファントム2機が123便を追尾したとの有力な目撃証言を丹念に追跡している。

群馬県警察本部発行の冊子『上毛《じょうもう》警友』昭和60年10月号が日航機墜落事故特集号となっており、その122ページに「日航機大惨事災害派遣に参加して」と題する自衛隊第12偵察隊一等陸曹M・K氏の手記が掲載されている。

このなかに次の記述がある。

《八月十二日私は、実家に不幸があり吾妻郡東村に帰省していた。午後六時四十分頃、突如として、実家の上空を航空自衛隊のファントム二機が低空飛行していった。その飛行が通常とは違う感じがした。「何か事故でもあったのだろうか」と兄と話をした。午後七時二十分頃、臨時ニュースで日航機の行方不明を知った》

この日の夕刻午後6時40分頃に、群馬県上空を自衛隊のファントム2機が飛行していたことが明確に浮かび上がる。青山氏が発掘した目撃証言には、当時の小学生が事故の状況を綴《つづ》った文集のなかの記述も含まれている。さらに、もう一つの重要な目撃証言が掲載されている。

8月12日午後6時30分頃に、静岡県藤枝《ふじえだ》市の上空を日航ジャンボ機が傾きながら飛行し、その約5分後にファントム2機が日航機の後を追うように北の方向に飛び去ったのを目撃した人物が紹介されているのだ。

日航機が尾翼を失い、この日航機を追尾するように自衛隊のファントム2機が追尾するという事実が存在した可能性が極めて高いのである。

ファントム2機が追尾したことも理解できる。飛行経路から考えれば、日航機は米軍横田基地へ、何らかの着陸をトライできたはずである。しかし、日航機は方向を変えて山岳地帯に向かった。ファントムによってその方向に誘導されたと考えるのが自然である。

前述したように、墜落から間もなく墜落現場は特定された。米軍機が現場に急行し、救助活動に着手しようとした。しかし、横田基地の司令部から帰還を命じられた。それでも米軍機は午後9時20分頃に日本の自衛隊機が現場に到着するのを確認して帰還したのである。そして、自衛隊が13日午前○時36分に入間基地から派遣した2機目のヘリコプターが現場を確認している。しかし、13日午前8時半まで救助活動は実施されなかったのである。

この空白の11時間に一体何があったのか。早期の救助活動が実施されていれば、多数の人命が救われた可能性が高い。《墜落の直後に、「はあはあ」という荒い息遣いが聞こえました。ひとりではなく、何人もの息遣いです。そこらじゅうから聞こえてきました。まわりの全体からです。「おかあさーん」と呼ぶ男の子の声もしました》との落合氏の生々しい証言が、その可能性を示唆《しさ》している。

事故が発生した場合、原因を究明するためには事故現場の保全を図らなければならない。現場の状況を確実に保全し、遺物を確実に保全する。そのことによって事故原因が明らかになるからだ。ところが、この事故においては、この鉄則が完全に踏みにじられている。

最大の象徴は、その後に事故原因とされることになった圧力隔壁が、現場からそのまま搬出されなかったことだ。自衛隊は日米合同の事故調査委員が来る前日の8月15日に、大型電動カッターで5分割にしてしまったのである。最重要の事故原因検証の証拠物を自衛隊が破壊している。

不自然な遺体

墜落事故からちょうど30年が経過した2015年8月12日、テレビ朝日系列（ANN）のニュースが、123便の残骸が相模湾海底で発見されたことを報道した。

《乗客乗員520人が犠牲となった日本航空機の墜落事故から12日で30年です。墜落した123便は羽田空港を離陸した後、相模湾の上空で圧力隔壁が壊れました。垂直尾翼など吹き飛んだ機体の多くは海に沈み、今も見つかっていません。ANNは情報公開請求で得た資料などから、残骸が沈んでいるとされる相模湾の海底を調査し、123便の部品の可能性がある物体を発見しました。

先月29日、静岡県東伊豆町の沖合約2・5km、123便の推定飛行ルートの真下にあたる水深160mの海底で撮影された映像です。右側のパネル状の部分は四角形に見え、側面にある黒い部分には数字などが書かれています。カメラとの距離などから調査にあたった専門家は、1・5mから2mほどの大きさではないかとしています。当時、事故調査委員会のメンバーとして墜落の原因を調べた斉藤孝一さんは「この映像だけでは分からない」としたうえで、123便の残骸である可能性を指摘しました。

当時の事故調査官・斉藤孝一さん：「仮に航空機の部品だとすると、『APU』のまわりに取り付いている『コントロールボックス』といわれてるようなもの」

APUは機体後部にある補助エンジンで、客室に空気を送ったり電気を点《つ》けたりする役割があります。斉藤さんは圧力隔壁の破壊という事故原因は変わらないとしたうえで、残骸が見つかれば事故の状況がより詳細に分かる可能性があるとしています。123便を巡っては、相模湾上空でのトラブルの際に機体から落ちた垂直尾翼の大半やAPUを含む機体後部の部品が見つからないまま、事故から1年10カ月後に調査が終了しています。国の運輸安全委員会はこの映像を見たうえで、「当委員会としてのコメントは差し控えさせていただきます」としています》

海底に落下したと見られる尾翼やコントロールボックスを回収すれば、事故原因が特定できる。しかし、日本政府も日本航空も落下物の回収を行なわない。事故原因が特定されることが不都合であるからなのだろう。そして、このニュースにおいても、りそな銀行の自民投融資残高激増を報じた朝日新聞記事をいかなるメディアも後追いしなかったのと同様に、その後を報じるメディアが現われない。

青山氏が著した上掲書には、墜落現場にガソリンとタールを混ぜたような強い異臭がしていたことが記されている。また、現場の遺体が、通常の事故ではあり得ないほど完全に炭化していたとの法医学者の証言も併《あわ》せて掲載されている。自衛隊を含む軍隊が使う火炎放射器は、ガソリンとタールを混合したゲル状燃料を使用しており、したがって「空白の11時間」に現場で火炎放射器が使用されたのではないか、という推論が成り立つ。

青山氏は元自衛隊関係者、軍事評論家、大学の研究者に、以下のように質問して証言を得た。

質問　ガソリンとタールの臭いが充満し、長時間燃える物質、その結果、人間の体が炭のようになる状態のものは何か。

答え　ガソリンとタールを混ぜて作ったゲル状燃料である。

質問　これはどこで手に入るのか。

答え　一般にはない。軍用の武器である。

質問　それはどこにあるのか。

答え　陸上自衛隊普通科歩兵、化学防護武器隊で、相馬原《そうまがはら》普通科部隊にもある可能性が高い。

相馬原普通科部隊とは、群馬県北群馬郡榛東《しんとう》村に所在する部隊のことである。

安易な推察や断定をするべきでないが、恐るべき真相が隠されている可能性を否定はできない。

日航機123便墜落は、「事故」ではなく「事件」であった疑いがある。尾翼損失の経緯、尾翼損失後の墜落までの経緯、墜落後の経緯のすべてにおいて、「事件性」が払拭されていない。「事件」である場合、「事実」を知る関係者が確実に存在することになる。この関係者が真実を告発するとき、この事故＝事件は完全に新しい局面を迎えることになる。

青山氏は2018年にシリーズ3作目となる『日航123便墜落 遺物は真相を語る』を上梓《じょうし》した。執念を持って日航機墜落の真相を追究している。青山氏は墜落事故ののち、東京大学の大学院博士課程を修了し、博士の学位を取得。博士論文に対しては厳密な審査が行なわれ、論文には明確な根拠が求められる。憶測で書くことは許されない。青山氏はその姿勢を新著記述においても貫《つらぬ》いている。証拠となる文献、実名での証言を集め、厳密な論証を行なっている。

　その青山氏の新著137ページ以降に、「ガソリンとタールの臭いが物語る炭化遺体と遺品」についての記述がある。

　乗員4名と乗客1名の司法解剖を担当した群馬大学医学部の古川研《ふるかわけん》教授の証言だ。


《（機体）前部の遺体には損壊や焼損が目立ち、衝撃のすさまじさと主翼の燃料タンクの火災の影響を受け、焼損遺体の中には部位も判然としないものがあり、通常の家屋火災現場の焼死体をもう一度焼損したように見えた》

　青山氏は、現場から採取された「マグマが冷えて固まったような黒い物体」について、その組成成分分析を研究機関に依頼している。その結果、黒い物体はジェット燃料で燃焼したものではなく、ベンゼンと硫黄が多量に検出され、機体のジュラルミンが溶け固まった物ということだった。

　航空燃料にはベンゼンは含まれていない。ガソリンに大量に含まれる。ガソリンを燃料とする火炎放射器が使用されたことを示唆する検証結果だった。

山林にあった遺体は不自然な黒こげ状態になっていた。地面に接した部分や裏側まで完全に焼けていたが、通常の火災等による被害の場合、裏側は焼けないはずなのだ。墜落現場に、にわか雨が降ったにもかかわらず、翌日午前中まで火がくすぶっていた事実も指摘される。

狭いコックピットにいた3人のクルーは、同じ条件の場所にいながら、副操縦士、航空機関士の遺体が制服を含めて発見されたにもかかわらず、高浜機長だけは制服もなく、遺体も歯型の一部しかなかったと記述されている。高浜機長が何かしらのメモを書き残していた可能性が警戒されて、人為的に遺体が隠蔽された可能性が浮上する。

また、遺体検視現場となった体育館で法医学者が撮影したビデオテープが、群馬県警に任意提出させられたのち、同県警から返還を拒否されている事実も明らかにされている。ボイスレコーダーの音声は、本来、遺族や関係者にすべてが公開されるはずだが、この事故では公開されておらず、公開された部分についても不自然に改竄《かいざん》した形跡や不自然な空白部分が存在する。

そして、何よりも不自然なことは、修理ミスを犯したとされたボーイング社の航空機が、この事故以降に日本の自衛隊、日航、全日空によって大量購入され、同社の売上が最高を記録していることだ。

事故が発生した1985年、日本の防衛費がGDP1%枠を突破するかどうかが論議の対象になっていた。野党は防衛費膨張を批判し、世論も自衛隊に対して厳しい姿勢を示していた。この状況下での自衛隊の不祥事は許されないと判断された可能性もある。

この事故の直後の1985年9月にプラザ合意が成立した。プラザ合意は主要国通貨に対して米ドルを切り下げる合意だ。日本は急激な円高で深刻な不況に転落した。その人為的円高が米国によって強制された。米国が日本の弱みを握ったことが背景にあるとも考えられる。

日本政府は日航ジャンボ機123便墜落事故の原因を、圧力隔壁損傷によるものとの公式発表を押し通している。さまざまな疑惑が浮上し、重要な証拠物が海底で発見されているにもかかわらず、その証拠物の回収、検証も行なおうとしない。この姿勢に、真実を解明する意思の欠如が明確に示されている。日航機墜落事故でも「国家は嘘をついている」と言わざるを得ない。

No.⑥「平和安全法制」の嘘

■1972年の政府見解を再確認する

現行の日本国憲法第9条は次の条文で構成されている。

《第九条　日本国民は、正義と秩序を基調とする国際平和を誠実に希求《ききゅう》し、国権の発動たる戦争と、武力による威嚇又は武力の行使は、国際紛争を解決する手段としては、永久にこれを放棄する。

二　前項の目的を達するため、陸海空軍その他の戦力は、これを保持しない。国の交戦権は、これを認めない》

この規定に従い、自国が攻撃されていないのに他国が武力攻撃を受けた場合に武力行使をする、いわゆる集団的自衛権については、憲法解釈としてこれを認めないとする見解が政府から明示され、40年以上にわたって維持されてきた。

ところが、安倍内閣は２０１４年7月に集団的自衛権行使を容認する閣議決定を行なった。この閣議決定に基づき、これを具体化する法整備をしたものが戦争法制、安倍内閣が言うところの「平和安全法制」である。

憲法解釈についての国会質疑で安倍首相は次のように述べた。

「内閣法制局長官の答弁を求めているが、最高の責任者は私だ。政府答弁に私が責任を持って、その上で私たちは選挙で国民の審判を受ける。審判を受けるのは内閣法制局長官ではない。私だ」

選挙を経て樹立された政権は憲法解釈を勝手に変えられる、と解釈できる答弁を安倍首相が示した。安倍首相側近の礒崎陽輔《いそざきようすけ》補佐官は「法的安定性は関係ない」とも明言した。憲政の基本である立憲主義、「法の支配」を根底から否定する暴言である。

1972年10月、参議院決算委員会で、当時の政府（田中角栄《たなかかくえい》内閣）が「集団的自衛権と憲法との関係」で見解を示した。政府の憲法解釈である。この政府解釈は、憲法9条の下で必要最小限度の武力行使が認められることを示したものである。この政府解釈では以下の諸点が明示された。

・わが国が、国際法上右の集団的自衛権を有していることは、主権国家である以上、当然といわなければならない。
・憲法9条が自国の平和と安全を維持しその存立を全《まっと》うするために必要な自衛の措置をとることを禁じているとはとうてい解されない。
・しかしながら、だからといって、平和主義をその基本原則とする憲法が、右にいう自衛のための措置を無制限に認めているとは解されない。
・あくまでも外国の武力攻撃によって国民の生命、自由及び幸福追求の擁利《けんり》が根底からくつがえされるという急迫、不正の事態に対処し、国民のこれらの擁利を守るための止《や》むを得ない措置として、はじめて容認されるものであるから、その措置は、右の事態を排除するためとられるべき必要最小限度の範囲にとどまるべきものである。
・わが憲法の下で武力行使を行うことが許されるのは、わが国に対する急迫、不正の侵害に対処する場合に限られるのであって、したがって、他国に加えられた武力攻撃を阻止することをその内容とするいわゆる集団的自衛権の行使は、憲法上許されないといわざるを得ない。（原文から抜粋）

1972年10月の政府見解は武力行使の要件として、

1. 外国の武力攻撃によって国民の生命、自由及び幸福追求の権利が根底からくつがえされるという急迫、不正の事態に対処するものであること
2. 国民のこれらの権利を守るための止むを得ない措置であること
3. 右の事態を排除するためとられるべき必要最小限度の範囲にとどまるべきこと

の3点を示した上で、集団的自衛権の行使については、「憲法上許されない」と明示したのである。

これが、日本国憲法第9条の解釈に基づく集団的自衛権行使を禁じる政府見解で、この政府見解が40年以上維持され、集団的自衛権の行使は憲法上許されないという解釈が日本国憲法の一部を成してきた。

憲法に明文の規定がなくても、この憲法解釈が政府によって明文で示され、40年以上の長期にわたって維持されてきたなら、その憲法解釈は憲法の一部をなすものと見なされるべきだ。

ところが、安倍内閣は、この憲法解釈を憲法改定の手続きを経ずに変更した。そして、

その変更に基づいて、安保法制、いわゆる戦争法制を強行制定してしまった。

憲政の基本は立憲主義である。すべての根本に憲法を置く。政治権力といえども憲法の前には従順でなければならない。政治権力が暴走しないように憲法が歯止めをかける。**憲法は民主主義を守る制御棒である。その制御棒を安倍内閣は抜いてしまった。**

その審議のさなか、6月5日に開催された衆議院憲法審査会で、参考人として招致された3名の憲法学者が安保法制の合憲性について質問を受けた。

3名の憲法学者は全員が違憲判断を示した。最大のポイントは自民党推薦で出席した憲法学者までが違憲判断を示したことである。

■破壊される憲法

日本の自衛権について、歴代政府は最高裁判例などを踏まえて憲法解釈を積み重ねてきた。1959年の砂川《すながわ》事件最高裁判決は、「国の存立を全うするために必要な自衛の措置をとることを憲法は禁じていない」として、自衛権の保持を認めた。また、国連憲章は第51条で、自衛権として個別的自衛権と集団的自衛権を明記しており、日本政府は日本が主権国家として集団的自衛権を有しているとの判断を示してきた。

60年安保以来の国民的政治行動

国会議事堂を10万人が包囲した　　写真／朝日新聞社／時事通信フォト

しかしながら、日本国憲法は第9条で「国際紛争を解決するための手段として武力の行使を永久に放棄する」ことを定めており、１９７２年に示された政府見解は、この制約から、日本の集団的自衛権の行使は容認されないとの判断を示したものである。

こうした経緯を踏まえると、日本が集団的自衛権を行使するためには、憲法改定が必要になる。安倍内閣が、集団的自衛権の行使が必要であるとして憲法改定を提唱するのであれば立憲主義を破壊するものではないが、安倍内閣は憲法改定が困難であるとの理由から、憲法改定ではなく、憲法の内容の改定に突き進んだのだ。

これは憲法破壊行為であり、憲法第98条の違憲立法に該当し、また、憲法第99条が定める憲法擁護尊重義務にも違反する行為であると言える。

主権者の多くは問題の詳細を把握することなく、ムードで賛否両論を唱えてきたと思われるが、憲法学者が揃って違憲判断を示したことにより、拙速《せっそく》の法整備に対する批判を強めた。法案審議が大詰めになった２０１５年8月30日には、国会議事堂を包囲する10万人デモが実施された（前ページ写真）。私も参加したが、国会周辺の歩道は身動きできない状況になった。１９６０年の安保闘争以来の、主権者による政治行動の高まりが示された局面だ。

ちなみに安倍首相は、この法案に対する主権者の反対行動が最高潮に達するさなかの２０１５年９月４日、平日昼間に大阪に出張した。大阪市を訪れた安倍首相は地元の読売テレビのワイドショーに生出演し、その足で公明党の故冬柴鉄三《ふゆしばてつぞう》元幹事長の親族が経営する海鮮料理店で冬柴氏次男の冬柴大《ひろし》氏、今井尚哉《いまいたかや》首相秘書官らと食事を取った。前日には財務省の岡本薫明《おかもとしげあき》官房長、迫田英典《さこたひでのり》理財局長と面談している。

安倍首相の大阪出張について、参院平和安全法制特別委員会の鴻池祥肇委員長（自民党）は９月４日の理事懇談会で「一国の首相としてどういったものか」と不快感を示した。鴻池氏はその後、森友学園から陳情を受けていたことが発覚した議員である。

９月４日午前には、近畿財務局９階会議室で、森友学園の小学校建設工事を請け負った設計会社所長、建設会社所長が近畿財務局の統括管理官、大阪航空局調査係と会合を持っていた。埋設物の処理内容や費用について詰めの議論をし、業者側が高額な処理費用を提示するなどしていたことが判明している。また、同日、国土交通省「平成27年度サステナブル建築物等先導事業（木造先導型）の採択プロジェクトの決定について」で、森友学園の「瑞穂の國記念小學院」の校舎及び体育館が選出され、６２００万円の補助金交付が決定されている。

その翌日の9月5日に、安倍首相夫人の昭恵氏が、森友学園の運営する塚本《つかもと》幼稚園で講演し、「瑞穂の國記念小學院」名誉校長に就任した。最重要の法案審議で国会が紛糾するなか、安倍首相がわざわざ大阪に出張したことの背景に、安倍首相の森友事案への関与が強く疑われているのだ。

現代の戦争は、「必然」によって生じていない。現代の戦争は「必要」によって創作されている。戦争を必要としているのは巨大な軍産複合体である。米国の軍事支出予算は年間6000億ドル、日本円に換算し60兆円を超える。その最大費目は人件費だが、武器、弾薬、兵器などのハードウエアだけでも年間20兆円を超えている。大き過ぎて潰せないと言われる日本の原子力ムラの規模が年間3兆円。米国軍産複合体の巨大さが分かる。

この戦争産業が戦争を「必要」としている。米ソ冷戦の時代は、冷戦を大義名分にして戦争が創作された。冷戦後の戦争枯渇の危機に生み出された新たな大義名分が「テロとの戦い」だった。このテロとの戦いが緩《ゆる》やかに後退しつつあるなかで、軍産複合体は新たな冷戦の構築と、中東における軍事的緊張の創出に注力しているように見える。極東情勢の緊張緩和は、中東などにおける軍事的緊張の高まりとトレードオフの関係にある。軍産複合体は、地域を問わず、軍事支出の需要維持を求めるからだ。

日本は集団的自衛権行使を容認することになったため、今後は米国が創作する新たな戦争に必然的に巻き込まれることになる。安倍政治の基本は米国への隷従《れいじゅう》である。日本が誇る不戦の誓い、不戦の歩みは無残に引き裂かれ、日本は「戦争をしない国」から「戦争をする国」に改変されようとしている。

憲法解釈変更に基づく新たな法制は、客観的に見て紛れもない「戦争法制」だ。安倍内閣はこれを「平和・安全法制」だとして、その制定を強行した。国家の嘘に慣れてしまった主権者であるが、言葉の言い換えに対する感受性を鈍《にぶ》らせることが、新たなペテンに巻き込まれる原因になることを認識しなければならない。

イスラエルの核保有は容認し、北朝鮮に核放棄を求める矛盾

安倍首相は北朝鮮の核放棄を求めているが、日本の核放棄政策に重大な矛盾があることを知っておく必要がある。安倍内閣は国連が決議した「核兵器禁止条約」に背を向けたままだ。日本は世界で唯一の戦争被爆国である。核兵器の恐ろしさと悪徳性を、我が身を持って体験した日本こそ、核兵器禁止運動の先頭に立つべきである。

ところが、安倍内閣は米国の核保有によって日本の安全保障が確保されていることを理

由に、包括的な核兵器禁止条約に賛同しないと主張している。安倍内閣が核保有を正当化する根拠は「抑止力理論」だ。核兵器を保有することにより、敵の核攻撃を抑止する。核兵器を保有することによって、核兵器を使用できない状況を生み出している、というものである。

第二次大戦後、戦勝5大国だけに核保有を許す「核拡防止条約＝NPT」の枠組みが創設された。この体制自体が「不平等条約」の体系である。戦勝5大国にのみ、核兵器を独占保有・管理させて、「抑止力理論」によって平和と安定を保つという考え方である。

しかし、このNPTの枠組みが機能していない。NPTに加盟せずに核兵器を保持する国が存在するからだ。インド、パキスタン、イスラエルが核保有国であると見られている。安倍内閣は北朝鮮の核保有を非難するが、これらの核保有国に対して非難せず、圧力もかけていない。インドとの間では、2017年7月にインドに原子力技術の輸出を認める日印原子力協定を発効させた。インドの核保有を容認し、そのインドに核技術の輸出を行なうのである。

安倍首相がNPT体制の堅持を基軸に据えるのなら、インドやイスラエルの核兵器保有を容認することはあり得ない。イスラエルの核保有疑惑を追及し、「圧力」を基軸に対イスラエル外交を展開するのが論理的整合性のある行動だ。しかし、トランプ大統領は親イスラエスの姿勢を強めており、安倍首相はイスラエルにすり寄る姿勢を強めている。

イスラエルやインドの核保有は容認できて、北朝鮮の核保有は容認できない。その理由を安倍首相は示したことがない。説明できないから説明したことがないのだ。

「北朝鮮に対する圧力」と表現すれば、すべてが通用してしまう感があるが、核兵器保有に関する素朴な疑問にも正面から答えることができない。これが日本政府の説明の実態である。安倍首相は拉致被害者の救出を公約に掲げているにもかかわらず、まったく問題解決の糸口を掴《つか》んでいない。

2018年10月24日の国会での所信表明演説で、安倍首相は「次は、私自身が金正恩《キムジョンウン》委員長と向き合わなければならない。最重要課題である拉致問題について、ご家族もご高齢となる中、1日も早い解決に向け、あらゆるチャンスを逃さないとの決意で臨《のぞ》みます」と述べた。だが、日朝首脳会談実現の見通しはまったく立っていない。

北朝鮮に対して圧力一点張りの姿勢を示し続けてきたが、トランプ大統領が北朝鮮との対話に踏み切ると、手のひらを返して米国の動きに追従している。それでも、自力で拉致問題を打開する行動を示すことができず、ひたすらトランプ大統領の北朝鮮への対応にすがりつくばかりだ。

拉致被害者家族の蓮池透《はすいけとおる》さんは、インタビューで「安倍首相はこの5年間に国会の本会議や委員会で『拉致問題は、安倍内閣の最重要課題であります』と54回も繰り返し発言しながら、1ミリも動いていない」と指摘したうえで、「言うまでもなく拉致問題の責任は北朝鮮にある。彼らの姿勢が最大の障害なのは当然だが、日本側のやり方も稚拙《ちせつ》で、間違っている」と述べた。蓮池氏は、「対話のための対話に意味はない」「必要なのは対話ではなく、圧力だ」とする安倍首相の姿勢を批判してきたのだ。その蓮池氏の指摘に、安倍首相は耳を傾けなかった。

安倍首相は「拉致問題は安倍内閣で解決するとの立場にいささかも変わりはない」と繰り返し表明してきた。しかし2018年9月14日、自民党総裁選での立候補者討論会では**「拉致問題を解決できるのは安倍政権だけだと、私が言ったことはございません」**と明言した。

できないことをできると言い、「対話のための対話には意味がない」の根本的な主張を、説明もなく一変させる。過去の発言も都合が悪くなると、発言がなかったかのように誤魔化してしまう。国家の嘘が日常茶飯事になると、市民は国家の言葉に耳を貸さなくなるだろう。

No.⑦「刑事司法」の嘘

人権より国権

「あっせん利得処罰法違反」で摘発されなければならない閣僚が無罪放免にされる（甘利《あまり》明《あきら》氏）。

「準強姦容疑」で逮捕状が発付され、捜査員も待機していたのに、その逮捕状を権力が握りつぶす（山口敬之《やまぐちのりゆき》氏）。

1年以上10年以下の懲役刑が科せられる「虚偽公文書作成罪」を犯しても無罪放免にされる（森友疑惑）。

これが日本の現状である。

第2章でも触れた加計疑惑では、国家戦略特区諮問会議の議長を務める安倍首相が、国家戦略特区としての事業主体に選定された加計学園理事長から複数回にわたる飲食、ゴルフ等の接待饗応を受けていた。安倍首相が加計学園の獣医学部新設意向を知っていたなら、収賄の疑いが濃厚になる。

安倍首相は、加計学園が獣医学部を新設する意向を初めて知ったのは2017年1月だと国会答弁を変えた。当初は、戦略特区諮問会議に申請があった時点で首相の知るところになると答弁していたが、突然、これを変えた。

2015年3月から6月にかけて、当時の柳瀬唯夫首相秘書官が首相官邸で3回も加計学園関係者と面会していたことも明らかになった。さらに、その直前には加計学園理事長の加計孝太郎氏が安倍首相と面会していたとの説明が加計学園関係者から示されていたことも明らかになった。

柳瀬氏は2013年5月に安倍氏の別荘で加計氏と面会し、翌日にはゴルフにも同伴している。その柳瀬氏が首相官邸で国家戦略特区での獣医学部新設申請に関して面談を重ねていた。そして、愛媛県今治市が獣医学部新設を国家戦略特区諮問会議に申請したのが2015年6月である。

安倍首相が加計学園の獣医学部新設の意向を知った時期についての国会答弁を、2015年6月の時点から2017年1月の時点へと、突然変えたのは、安倍首相が戦略特区の事業申請者であることを知りながら、その事業者からの接待饗応を受けていたとの、収賄の疑いが濃厚になってしまうためであると考えられる。

森友疑惑では、時価10億円相当の国有地を実質200万円で払い下げて国に損害を与えたのに、背任罪で検挙されない。疑惑が事件として立件されれば、ときの内閣には決定的な打撃になる。逆に言えば、いかなる重大犯罪が存在しても、刑事司法において犯罪として摘発、立件されなければ逃げ延びることが可能になってしまう。この弊害が日増しに顕著になっている。

警察・検察・裁判所には、人権の根幹を左右する権力がある。犯罪を認定すれば人格に対して著しい破壊力が発揮される。他方、犯罪の不認定は、その人物がいかなる重大犯罪を実行していたとしても、人格への破壊力は著しく希薄になる。真実における無実と有実ではなく、刑事司法における判定が、社会的には決定的な影響力を発揮するのである。

戦後史、さかのぼって明治維新以降の日本の歴史をたどるならば、刑事司法の不正、刑事司法の政治利用が重大な問題を引き起こしてきたことが分かる。日本の歴史を塗り替える重大な意味を有してきたのが、刑事司法の不正、刑事司法の嘘なのだ。

深くは立ち入らないが、日本で国権（国家権力）が人権に優越するに至った淵源《えんげん》は「明治6年政変」にあると私は考える。明治維新直後の1873年、大久保利通《おおくぼとしみち》と江藤新平《えとうしんぺい》が決定的に対立した。江藤が排除されて大久保が残り、大久保による統治体制が固められた。

毛利敏彦《もうりとしひこ》氏の著書『江藤新平』（中央公論新社）は、江藤が先進的な人権尊重主義者であった事実を明らかにしている。明治6年政変で、逆に大久保が排除され、江藤が残ったなら、日本は別の歴史を歩むことになったと思われる。「人権より国権」の大久保が「国権より人権」の江藤を横暴極まる手法で排除した。これ以降、警察・検察・裁判所制度における国家権力の支配が確立され、現在まで続く警察・検察・裁判所の「人権より国権」のDNAとなっているのだと思われる。

歴代の自民党首相では、田中角栄氏が刑事訴追された。橋本龍太郎《はしもとりゅうたろう》氏も刑事訴追の瀬戸際まで追い込まれた。日本を支配する者たちの判断と指揮によって、刑事司法が不正利用され、それが政治体制を維持、あるいは改変する最重要の手段として用いられてきた現実がある。戦後日本を支配し続けてきた「支配勢力」が存在し、この「支配勢力」がいまなお、日本を実効支配している。その「支配勢力」にとって不都合な存在が、常に攻撃の対象とされてきた。裏を返せば、その「支配勢力」の指示・命令に従っていれば、身分と身の安全が保証されるということになる。

支配者に従順な者は重大犯罪を実行しても無罪放免にする。支配者にとって危険な人物は、邪魔な存在は、完全無実であっても犯罪者に仕立て上げる。こうした不正が繰り返されてきたと考えられる。

日本を支配する「トライアングル」

日本政治は、２００９年の鳩山由紀夫《はとやまゆきお》内閣樹立から4年半の間に、完全に転覆させられた。日本政治史上、初めての「主権者の主権者による主権者のための政権」樹立の大業が、わずか8カ月半で破壊され、既得権勢力が日本の政治権力を奪還した。

鳩山内閣は、日本の政治構造の抜本的な変革を目指した政権であった。米国による支配、官僚による支配、大企業による支配。この「米・官・業のトライアングル」が、戦後日本政治の基本構造であるが、この基本構造を打破しようとした。普天間《ふてんま》基地の辺野古《へのこ》移設につき、米国に対して日本の主張を掲げ、米国にものを言うスタンスを示した。官僚の天下り利権を根絶することを明示するとともに「白アリ（＝官僚）退治なき消費税増税」を認めないことを公約に明示した。さらに、大資本が政治を支配する根源的な背景である企業献金を全面禁止することも公約に掲げたのである。

しかしながら、米・官・業による日本政治支配の構造を根底から刷新しようとする方針を掲げたこと自体によって、鳩山内閣は総攻撃を受け、退陣にまで追い込まれた。鳩山内閣を退陣に追い込んだ勢力は、民主党内部にも潜《ひそ》んでいた。

菅直人《かんなおと》氏は鳩山内閣で副総理兼財務相の立場にいたが、鳩山内閣が米・官・業の支配構造を刷新しようとして退陣に追い込まれた現実を目の当《ま》たりにした。菅直人氏は米・官・業のトライアングルに寝返る対応を示すことにより、政権を奪取したのである。菅直人氏は普天間基地の辺野古移設を肯定し、企業献金廃止の公約も降ろすとともに、「白アリ退治なき消費税増税」方針を2013年参院選公約に突如、掲げたのである。

その延長線上で2012年、「背徳《はいとく》の宰相《さいしょう》」と呼ぶべき野田佳彦《のだよしひこ》首相が、主権者との約束を破棄する「シロアリ退治なき消費税増税」法を強行制定して自爆解散に踏み切り、安倍晋三自民党に大政を奉還した。こうして生まれた第二次安倍内閣が、マスメディアの全面的な支援を追い風に、2013年7月の参院選で多数議席を確保して議会でのねじれを解消。我が意のままに政策決定を重ねるという暴走体制に移行して、政権奪還後6年の時間を経過することになった。

米・官・業のトライアングルが支配する日本政治は、一瞬の間だけ打破されたが、この主権者政権は息をつく間もないままに全面破壊され、時計の針が大きく逆戻しされた。変化をもたらした最大の背景が、鳩山内閣による普天間代替施設の県外・国外移設政策の阻止と小沢一郎《おざわいちろう》氏の裁判事件だった。

■西松《にしまつ》事件と陸山会《りくざんかい》事件

2009年3月3日、小沢一郎氏議員公設第一秘書の大久保隆規《おおくぼたかのり》氏が突然逮捕された。2008年9月に発足した麻生太郎内閣は、官房副長官に警察庁長官出身者の漆間巌《うるまいわお》氏を起用している。麻生氏の祖父にあたる吉田茂元首相は、CIAと連携して日本における諜報組織の原型となる内閣調査室と公安調査庁を設置した。また、東京地検特捜部が本格的に活動を開始したのも、同じ時期だ。

この系譜に連なる麻生首相が、自民党から民主党への政権交代を阻止するために、禁断の領域に足を踏み入れたと見ることができる。

大久保氏の逮捕が世に言う「西松《にしまつ》事件」の勃発である。西松事件とは、西松建設関連の政治団体である「未来産業研究会」と「新政治問題研究会」という政治団体が、小沢氏の政治資金管理団体に献金し、これを小沢氏の事務所が事実どおりに記載したことについて、虚偽記載だとして摘発した事案だ。多くの国会議員がまったく同一の事務処理をしたにもかかわらず、小沢氏の政治資金管理団体だけが検挙された。

翌2010年1月13日に事件の第2回公判が開かれ、西松建設元取締役総務部長の岡崎《おかざき》彰文《あきふみ》氏が証言台に立ち、二つの政治団体には事務所や専従職員が存在し、実体があることを証言した。この結果、大久保氏の完全無実が証明された。未曽有《みぞう》の危機に直面した検察当局は、公訴取り下げに進まずに、さらなる暴走に突き進んだ。

2010年1月15日から16日にかけて、検察は現職衆議院議員である石川知裕《いしかわともひろ》氏、小沢氏元秘書の池田光智《いけだみつとも》氏、大久保隆規氏の3名を逮捕した。これが「陸山会《りくざんかい》事件」である。2004年10月に代金決済が行なわれ、2005年1月に移転登記が完了した世田谷所在の不動産を、小沢一郎氏の資金管理団体が購入したことについて、小沢氏の事務所が2005年の収支報告書に記載して届け出たことを検察が虚偽記載だとして摘発した事案である。刑事事件として立件する必要性が皆無の、政治謀略冤罪捏造事案であったと言える。

当時の担当秘書であった石川知裕議員は、司法書士の了解を得て、この不動産取得を2005年の収支報告書に記載して報告した。公判の法廷で会計学専門の大学教授が、この事務処理の事例では2005年の収支報告書に記載することが適正な処理だと証言した。事務処理の技術的な解釈の問題で、仮に当局の見解が異なる場合でも、収支報告書の修正で済まされるべき事案だった。

しかし、2009年3月3日の大久保氏逮捕以降、メディアは事件の詳細事実を伝えずに、小沢一郎氏や小沢氏の資金管理団体が巨大犯罪に手を染《そ》めたかのような「イメージ報道」を展開し続けた。NHKも、この情報操作活動の重要な一翼を担《にな》った。

さらに、この事件の延長線上で、小沢一郎氏が検察審査会の起訴相当議決により強制起訴され、裁判にかけられるという事態が発生したのである。最終的に小沢氏は2012年11月に完全無罪確定を勝ち取ったが、事案の表面化から無罪確定までの約3年間に、日本の政治状況は完全に転覆されてしまった。

2011年12月16日に開廷された、小沢一郎氏裁判の第10回公判に前田恒彦《まえだつねひこ》元検事が出廷した。前田氏は、大阪地検特捜部による村木厚子《むらきあつこ》元厚労省局長に対する冤罪事案で、証拠改竄《かいざん》で実刑判決を受けて服役中の身であった。前田元検事は、陸山会事件で東京地検特捜部から応援要請を受けて、事件捜査を担当した。前田氏は法廷でこう証言した。

「問題の核心は、不動産を取得した原資である4億円が、建設会社などからの裏金で、表に出せないために一連の『虚偽記載』が行なわれた、とする検察の見立てが、正しいのかどうかであった。

不動産購入原資が不正資金でなければ、すべての問題はまさに取るに足らない問題である。しかしながら不動産原資4億円が違法な裏金であり、この裏金の存在を隠蔽するために収支報告書の記載が歪《ゆが》められたというのであれば、それは事件として立件するべき問題だろう。**検察はこの見立てで尋常でない捜査を行なった。しかし、何一つ立証できなかった**」

前田元検事はこうも述べた。

「この事件では捜査体制が途中でものすごく拡充されたんですよ。元秘書や逮捕者の取り調べを行なう『身柄班』に対して『業者班』。ゼネコンや下請けの捜査員を増やした。でも『作成された』調書が、まあないでしょう。大久保さんに裏金を渡しているという、検察の想定と違う取り調べ内容は証拠化しないんです。どうするかといえば、メモにしている。手書きのその場のメモということになって、ワープロで供述要旨を整理していた」

巨大な捜査体制を敷き、徹底した捜査を行なったが、裏金疑惑を裏付ける証拠は、何一つ発見できなかったのだ。逆に、裏金疑惑を否定する情報は、ワープロで供述要旨などの資料にしたが、証拠化せず、これらの最重要資料は検察審査会にも提出されなかったことが暴露された。

さらに前田氏は、次のようにも証言した。

「4億円が企業からの献金と『妄想』する人もいたが、正直ついていけなかったですし、ついていきませんでした」

検察がどれほど捜査を尽くしても裏金疑惑はまったく立証できなかった。だから検察は、裏金疑惑での小沢氏完全無罪を認めざるを得なくなったのである。検察は威信をかけて、総力を挙げて裏金疑惑を立証しようとしたが、実現できなかった。火のないところに煙は立てられなかったのである。

米国務次官補が来日した目的

前田氏が証言したように、裏金授受を立証できなければ、「すべての問題はまさに取るに足らない問題」だった。そして、その裏金授受は、違法と言える捜査が繰り返されたにもかかわらず、何一つ立証できなかったのだ。したがって、3名の元秘書全員も完全無罪とされるべきであったが、政治権力に支配される裁判所によって、元秘書3名は別の裁判体によって有罪認定されてしまった。東京地裁の登石《といし》郁朗《いくろう》判事と東京高裁の飯田《いいだ》喜信《よしのぶ》判事が、刑事司法の鉄則を踏みにじって有罪認定する国策裁判を演じたのである。

それは中堅ゼネコン水谷《みずたに》建設の元常務が、石川氏と大久保氏にそれぞれ5000万円の裏金を渡したとする事案だ。登石郁朗判決及び飯田喜信判決は、これを追認したのである。しかし、この裏金授受問題については、石川氏の弁護人である安田好弘《やすだよしひろ》弁護士が、記者会見で重要事実を明らかにした。

「東京の全日空ホテル（当時）で1000万円を石川氏に渡した」と証言した水谷建設元常務が、その証言が検察官の誘導によるもので、実際には渡した日時も相手も記憶にないことを認める陳述書に署名していたのである。安田弁護士は、5000万円の授受が存在しなかったことを明らかにする証拠調べを、3名の元秘書の控訴審で請求した。しかし、飯田裁判長は、この証拠請求を却下して3名に有罪判決を示したのである。

人々は、裁判官が「法と良心」に従い公正な判断を示すと思い込んでいるが、現実は違う。**裁判官の人事権を内閣総理大臣が握っているために、圧倒的多数の裁判官は「法と良心」ではなく「政治権力」に従って判断を示しているのである。**これが日本の刑事司法を崩壊させる主因になっている。

正当な裁判を行ない、正当な判決を示すなら、3名の元秘書は無罪にしかできなかったはずだ。しかし3名を無罪にすることは、一連の事案が巨大な政治謀略でしかなかったことを、世にはっきりと明示することを意味する。このダメージに、警察・検察・裁判所勢力は耐えることができない。この事情が、不正で不当な無理筋判決が示される背景であったと考えられる。

なお、2010年1月15日に3名の元秘書が逮捕された陸山会事件では、検挙されなかった小沢一郎氏を「市民団体」が刑事告発した。東京地検特捜部は2月4日に不起訴の決定を示したが、「市民団体」は直ちに東京第五検察審査会に審査を申し立てた。その東京第5検察審査会が同年4月27日と9月14日に起訴相当議決を示し、小沢氏は不当にも強制起訴されたのである。ただし、検察審査会の実態が闇に隠されているため、検察審査会がどのように開かれたのか、あるいは開かれてはいなかったのかという根本的な事実は明らかになっていない。

これらの過程に、二つの看過《かんか》できない事実が存在する。一つは、東京地検特捜部の吉田《よしだ》正喜《まさき》副部長による2010年2月1日の石川知裕氏に対する取調べ内容だ。もう一つは、同じ石川氏に対する5月15日の東京地検特捜部による任意の事情聴取の顚末《てんまつ》である。

東京地検特捜部の吉田副部長は石川氏に対する取調べのなかで、驚くべき話をしている。吉田副部長は「検察は小沢氏を不起訴とするが、検察審査会が小沢氏を強制起訴することになる」と語ったのである。この重大事実は石川氏によって明らかにされている。小沢氏に対する不起訴の決定もまだ示されていない段階で、その後の「市民団体」による検察審査会での申し立て、検察審査会での二度にわたる「起訴相当」の議決が正確に「予言」されていた。

実際に、検察は2月4日に小沢氏に対する不起訴を決定。この不起訴決定に対して、「市民団体」が2月12日に検察審査会に対して審査を申し立てた。これを受けて東京第五検察審査会が二度にわたり起訴相当議決を行なったのだ。

このことに関連すると考えられる重要事実がある。2010年2月2日に米国のカート・キャンベル国務次官補が、国会内の民主党幹事長室で小沢一郎氏（当時の民主党幹事長）と会談。翌3日に、キャンベル次官補はソウルで韓国のキム・ソンファン外交安保首席秘書官と会談するのだが、ワシントンに次の報告をしている。

「日本の外交窓口を、小沢－鳩山ラインから菅－岡田《おかだ》（克也《かつや》）ラインに切り替える」

この重大情報はウィキリークスが明らかにした。

これと並行して語られたのが、吉田副部長による、小沢氏強制起訴の筋書きである。実際に、鳩山内閣はこの年の6月に潰されて、菅直人首相－岡田克也外相の体制に移行している。キャンベル次官補は、日本の体制刷新と小沢強制起訴の方針を直接整えるために訪日したのだと推察される。

史上最悪の検察犯罪

2010年4月27日に東京第五検察審査会が小沢一郎氏を起訴相当と議決したことを受けて、東京地検特捜部は、5月15日に石川知裕氏に対して任意での事情聴取を行なった。そしてその結果を捜査報告書としてまとめたものが検察審査会に提出された。この捜査報告書が、小沢氏起訴相当の決定的証拠とされたと伝えられている。ただし、検察審査会の存在自体は、依然として闇に包まれている。

前述した「もう一つの重大事実」とは、東京地検特捜部が捜査報告書を全面的に捏造していたことである。これは石川氏が特捜部による事情聴取の模様を、作家の佐藤優《さとうまさる》氏の助言で秘密録音したことによって表面化した。この秘密録音が検察の巨大犯罪を白日の下に晒《さら》した。検察は石川氏の事情聴取内容とは異なる内容を捜査報告書に記述した。小沢氏の共謀共同正犯を成り立たせるために捜査報告書が捏造され、これが検察審査会に提出されたのだ。検察審査会の実態は不明であるが、小沢氏を強制起訴する根拠を整えたということになる。

ところが、最高検察庁は、この史上空前の巨大犯罪を無罪放免にした。厚労省元局長の村木厚子氏の冤罪事案においては、証拠フロッピーディスクの日付を改竄した罪で前田恒彦氏が実刑判決を受け、上司の大坪弘道《おおつぼひろみち》特捜部長、佐賀元明《さがもとあき》特別捜査部副部長が有罪判決を受けた。

これに対して、日本政治転覆をもたらした小沢一郎氏失脚工作の核心部分を担った検察の巨大犯罪は、結局、無罪放免とされ、実際に石川氏の取り調べを行なった田代政弘《たしろまさひろ》検事だけが検事職を辞任するということで、幕引きが図られたのである。

検察審査会の起訴相当議決を受けて指定弁護士が小沢氏を起訴したのは2011年1月31日である。この不正に血塗られた検察史は。2012年11月の小沢氏無罪確定で幕を閉じたが、日本の主権者政権を破壊した罪状はあまりにも重い。

私に対する人物破壊工作としての冤罪捏造事案では、決定的証拠の防犯カメラ映像が警察当局によって隠蔽・廃棄された。さらに、法廷で、名乗り出てくれた目撃証人が、私の無実潔白を完全に立証する証言を行なったにもかかわらず、裁判所が、この決定的証拠を無視して不当な判決を示した。

裁判所が中立公正というのはフィクションに過ぎない。裁判所裁判官の人事権が内閣によって握られており、内閣総理大臣が三権分立を保障する良識を持たずに権力を濫用すれば、裁判所の独立性は完全に絵に描いた餅になる。

「国家にしか出来ない犯罪、それは戦争と冤罪である」という故後藤《ごとう》昌次郎《しょうじろう》弁護士の言葉を私たちはかみしめるべきである。

5章　追いつめられる国民

No.⑧「TPPプラス」の嘘

■公約を全面破棄

安倍内閣は2013年3月15日にTPP（いわゆる「環太平洋パートナーシップ協定」）交渉への参加を表明した。政権発足をもたらした2012年12月の衆院総選挙で、安倍自民党はTPPにどのようなスタンスを示していたのか。

《ウソつかない。TPP断固反対。ブレない。日本を耕す!! 自民党》

これが、自民党の選挙用ポスターに大書《たいしょ》された文言《もんごん》だった。ポスターを見た主権者は、安倍自民党がTPPに断固として反対であると理解したはずである。

「聖域なき関税撤廃を前提とする限り、TPP交渉には参加しない」という言葉は、コメ、麦、肉、乳製品、砂糖の重要五品目の関税は守ることだと理解されていた。

この選挙に際し安倍自民党は「わが党は、TPP交渉参加の判断基準を明確に示します」として、6項目の公約を掲げた。

ＴＰＰ交渉参加の判断基準

1. 政府が、「聖域なき関税撤廃」を前提にする限り、交渉参加に反対する。
2. 自由貿易の理念に反する自動車等の工業製品の数値目標は受け入れない。
3. 国民皆保険制度を守る。
4. 食の安全安心の基準を守る。
5. 国の主権を損なうようなＩＳＤ条項は合意しない。
6. 政府調達・金融サービス等は、わが国の特性を踏まえる。

しかし、安倍内閣は主権者に明示した右の公約を、全面破棄するかたちでＴＰＰに突き進んだ。どのように「破棄」したのか。

1. 農林水産物については重要5品目が明示され、「聖域」として関税を守ることが公約に示されたが、ＴＰＰ最終合意では1品目も「聖域」として関税撤廃の除外項目にはならなかった。

2.ＴＰＰ交渉に参加する前に行なわれた日米事前協議で、日本は自動車輸入等について数値目標を明示した。

3.「いつでも、誰でも、どこでも」必要十分な医療を受けることができる現在の国民医療保険制度が崩壊する可能性が極めて高い。

4.食の安全・安心の基準が崩壊する。

5.国の主権を損なうＩＳＤ条項が盛り込まれている。

6.政府調達において外資への全面市場開放が行なわれ、金融サービスにおいては外資を優遇する措置がすでに採《と》られている。

これが現実であり、ＴＰＰは安倍自民党の選挙公約に全面的に反するものになっている。

２０１６年12月は米国でトランプ政権が発足する直前だった。トランプ氏は大統領選を通じてＴＰＰからの離脱を訴えていた。安倍内閣は、米国がＴＰＰから離脱すればＴＰＰは発効できなくなることを肯定した上で、国会でのＴＰＰ承認を強行したのである。

「米国をＴＰＰの枠内にとどめることが重要で、米国が参加するＴＰＰの内容を確定させるためにＴＰＰの早期承認が必要だ」と強弁した。

しかし、その後、米国はＴＰＰを離脱した。米国が離脱すればＴＰＰは発効しない。「ＴＰＰ合意文書には一切、手を付けさせぬために早期の日本批准《ひじゅん》が必要だ」と主張していたにもかかわらず、安倍内閣は、その後にＴＰＰ合意文書の改定を推進する先頭に立った。そして、6項目の公約で明示した「国の主権を損なうようなＩＳＤ条項」を排除するのではなく、これを盛り込むことに総力を投入した。

ＩＳＤ条項は、ハゲタカ巨大資本が主導すると見られる裁定機関の決定が、国家の決定の上位に位置することを認める条項である。このことからＩＳＤ条項は「国の主権を侵害するもの」であるとして、日本政府は合意しないと、自民党が公約に明記していたのだ。ところが、そのＩＳＤ条項をＴＰＰに盛り込むことに安倍内閣は総力を投入したのである。

これらの行動から浮かび上がるのは、安倍内閣が日本の主権者の利益ではなく、ハゲタカ巨大資本の利益のために行動しているという実相である。

悪名高い「年次改革要望書」（米国が日本に規制緩和を要求する文書）は２００８年をもって終了した。２００９年からは「日米経済調和対話」という新しい方式が始動したが、直ちに立ち消えになった。これと入れ替わるように表面化したのがTPPである。TPPは、もともとはシンガポール、ニュージーランド、チリ、ブルネイの4カ国によるに協定で、2009年9月に発効している。

このTPPに大きな変化が生じたのが2010年。米国のブッシュ政権は2008年にTPP交渉に参加することを決定し、2009年発足のオバマ政権は11月のAPEC(アジア太平洋経済協力)サミットに合わせてTPP交渉への参加方針を表明した。米国がTPPへの参画を決定した時点で日本に対する年次改革要望書の提出が終了した。米国の対日経済戦略、日本経済への侵略戦略のプラットフォームが年次改革要望書からTPPに切り替えられたのだ。

■消えた「聖域」

TPPが日本で初めて人々の耳に触れたのは、2010年秋の横浜APEC首脳会議である。2010年6月の政変で、鳩山由紀夫内閣に代わり菅直人内閣が発足した。政権を引き継いだ菅直人首相にAPEC首脳会議議長国という役回りが巡ってきた。このAPEC首脳会議で目玉となる政策を模索していた菅内閣に、米国が提供したのがTPPだった。菅直人首相は「第三の開国」と表現し、日本市場が閉鎖的であるとの認識を世界に提示してTPPへの積極姿勢を示した。TPPの正体も把握しないまま、米国の誘導に乗せられて軽挙妄動《けいきょもうどう》を演じてしまったのだ。

メディアを通じて大きく報道されたのが、農産品目を聖域として守るということだった。政府はコメ、麦、肉、乳製品、砂糖の五つを重要5品目として守ることを約束した。菅首相は「第三の開国」と言ってしまったが、日本の関税率は国際比較上、極めて低い水準にあった。鉱工業品の関税率は2・5%で世界最低水準である（WTO、2010年）。農産物の平均関税率は11・7%と米国の5・5%より高いがEUの19・5%より低い（2010年農水大臣答弁）。日本の貿易市場はすでに十分に開かれた市場であり、「開国」という表現はミスリーディングだった。

自民党がTPPに関する6項目の公約を提示した時点で、自民党は野党だった。TPPを推進していたのは菅内閣、野田内閣で、自民党は民主党のTPP推進政策に異を唱える立場にあった。その自民党が2012年12月の選挙で政権を奪還したが、選挙公約を守るなら、TPP交渉に参加はしても、交渉内容が折り合わず、撤退する以外に道はなかったはずだ。最大の問題はTPPにISD条項が盛り込まれていたことである。

しかし、安倍内閣は言葉の綾《あや》をかいくぐり、公約違反の行動を積み重ねた。重要5品目を聖域として守るという公約は、「聖域なき関税撤廃を前提とする限りTPP交渉に参加しない」との表現を活用して、「TPPの関税撤廃に一切聖域を設けない」ことが前提には置かれていないことを根拠にTPP交渉への参加決定を正当化した。

TPP協定の最終合意成立後の国会審議で、「聖域として、関税引き下げの対象から除外された品目がいくつあるか」との質問に対する政府の回答は「ゼロ」であり、「聖域」は一切設けられなかったことになるが、言葉の綾をかいくぐって主権者を欺《あざむ》く手法は「詐欺」「ペテン」の批判を免れないものだ。

重要5品目の関税分類（タリフライン＝細分類では、170品目で関税が撤廃された。重要5品目以外では98％の品目で関税が撤廃された。この関税撤廃により日本農業は壊滅的な打撃を受けることになる。TPPによる関税撤廃率は全品目で95％、農林水産品では81％に達したのである。

■日本には利益がない協定なのに……

TPPは当初、米国を含む12カ国で最終合意文書に署名した。しかし、その後に米国が協定から離脱し、11カ国での発効が予定されている。米国を含む12カ国のGDP構成比を見ると米国が約60％、日本が約18％で、この2国で全体の78％を占めていた。それ以外ではカナダの7％、オーストラリアの5％、メキシコの5％などが相対的な大国であり、これ以外の7カ国はすべてを合わせて約5％という比率だった。

安倍内閣は、TPPに参加することで日本の輸出が拡大することが日本にとってのメリットだとしていたが、この数値を見る限り、**日本が輸出を拡大する余地など、ほとんど存在しない**ことは明らかだ。TPPで関税率引き下げが検討されているが、日本が輸出する工業製品の輸入関税率はすでに低く、TPPが発効しても日本の輸出が増加する余地はほとんどない。

関税率の引き下げで日本にメリットがあるとすれば、TPP参加国の自動車等の輸入関税率引き下げによって日本の輸出が増加することに限られる。GDP構成比でも明らかなように、TPPで日本が輸出を拡大できる余地があるのは米国だけだ。米国の自動車輸入関税率は高水準に設定されており、この関税が撤廃されるなら日本にも一定のメリットがあるとは言える。

ところが日本がTPP交渉へ参加する条件として、米国は日米2国間の取り決めを日本に受け入れさせた。これが「日米並行協議」での決定事項である。この日米並行協議において、日本の対米自動車輸出（米国から見れば輸入）の関税率は引き下げられないことにされてしまった。

現在、日本の対米自動車輸出関税率は、乗用車が2・5％、トラックが25％である。この関税率について、乗用車の関税率2・5％が14年間、トラックの関税率25％は29年間、一切引き下げられないことが決まった。トラックのカテゴリーには、ピックアップトラックと呼ばれる小型トラック以外にSUV（sport utility vehicle）が含まれる。現在の売れ筋の自動車はSUVであり、米国における自動車販売ではトラックが乗用車を上回っている。そのSUVの25％の関税率が29年間にわたって一切引き下げないことが、日本がTPP交渉に参加する条件として決定されたのだ。

日本がTPPに参加する唯一のメリットは、米国の自動車輸入関税率の引き下げだ。しかし、それは行なわないという条件を日本が呑《の》むことによって、日本のTPP交渉への参加が認められたのだ。このようなふざけた条件を受け入れてTPP交渉への参加を決めた安倍内閣は、一体何を考えていたのか。日本の利益、日本の主権者の利益など、みじんも頭になかったことがよく分かる。

他方、ＴＰＰで大きな焦点となった日本の農産品輸入関税率の引き下げによって、日本農業は壊滅的な打撃を受けると予想される。ＴＰＰから米国が離脱したいま、ＴＰＰ参加国にとってのＴＰＰのメリットは、最大のＧＤＰ構成比を占める日本に対する輸出の増大、日本の輸入増大なのだ。

ＴＰＰに参加して日本が得られる唯一の果実は、ＴＰＰ交渉への日本参加を米国が許容した時点で封殺されている。他方、米国は日本への輸出拡大についてのさまざまな要求を日本に受け入れさせた。

安倍首相は当初のＴＰＰ批准案の国会審議において、ＴＰＰ付属文書として署名された日米2国間合意について、米国がＴＰＰから離脱する場合には効力を発揮しないと述べていた。だが、その後にこの方針も覆《くつがえ》した。２０１７年12月9日の国会で河野太郎《こうのたろう》外務大臣が「ＴＰＰの付属文書の内容は、日本が『自主的に』決めたこととの確認なので、ＴＰＰの発効にかかわらず『自主的に』実行する」と答弁したのである。米国の自動車輸入関税率が29年間も引き下げられないことも、日本が「自主的に」決めたこととされているのだ。日本の国益、日本の主権者の利益を完全に放棄していることが鮮明に浮かび上がる。

ＴＰＰによって日本が得る利益は皆無に近い。他方、失うものは果てしなく大きい。こうした内容のＴＰＰを日本政府が推進することは、日本の主権者に対する背信行為である。安倍内閣は、ＴＰＰは自由貿易をより強化する協定で日本にメリットのある枠組みだと言いながら、日本の自動車輸出関税について、前述のように驚くべき譲歩をしてＴＰＰに突き進んだ。一体、誰のために、何のために行動しているのかとの素朴な疑惑が渦巻いている。

そしてもう一つ、ＴＰＰの大きな特徴がある。それは、ＴＰＰが単なる関税率引き下げの協定ではなく、各国の諸制度、諸規制を全面的に改変する「強制力のある枠組み」であることだ。強制力の源泉がＩＳＤ条項である。ＩＳＤ条項付きのＴＰＰは国家主権の上位に君臨し、日本の諸制度、諸規制を支配することになる。日本の主権者がすべてを失ってから後悔しても後の祭りだ。一刻も早いＴＰＰからの撤退が求められている。

■国家主権の喪失

ＴＰＰの交渉分野は21分野にまたがり、最終合意文書は30章によって構成されている。その最終合意文書のなかで貿易に関わる章は、たったの5章にすぎず、残りはルールに関する部分、つまり各国の法律や規制を改変するためのものである。知的財産権の問題があり、公共事業などを行なう政府調達の問題があり、さらに金融サービス、越境サービス、投資、環境、労働などが含まれる。そして、その紛争解決のために用いられる手段がISDという制度である。

TPPは一言で言えば「ハゲタカのハゲタカによるハゲタカのための条約」である。SII（日米構造協議）も結果重視政策も、そして年次改革要望書も、日本に対するあからさまな内政干渉の手段だったが、最終的な決定力を欠いていた。強制力を伴ってはいなかった。ところがTPPは異なる。TPPには「ISD条項」という最終兵器が搭載されている。「投資家対国家間の紛争解決条項」(Investor State Dispute Settlement) と訳される。

このISD条項により、日本は「主権を喪失」する。日本をTPPに引き込み、日本の諸制度、諸規制を強制的に改変する。これがTPPの目的である。このTPPを菅・野田・安倍内閣が推進してきた。

そのTPPが発効の寸前に、米国のトランプ大統領によって、ちゃぶ台返しの波乱に見舞われた。トランプ新大統領に対する主要メディアのヒステリックな攻撃が続いてきた背景には、グローバル資本＝ハゲタカ勢力のトランプ大統領に対する激しい敵意があると見られる。

ハゲタカ巨大資本は目先の利益だけを追求する。「今だけ、金だけ、自分だけ」の「三だけ主義」で行動する。それぞれの国の市民の命や健康のことなど考えない。いや考えないと言えば嘘になる。彼らは食料を摂取する人々の健康問題を実は重視している。どう重視しているのかと言えば、その人々が重大な疾患に罹患《りかん》することを目論んでいるのだと思われるのだ。**人々を病気に罹患させ、医療でも利益を上げる**ためである。究極の「マッチポンプ」商法である。

遺伝子組み換え種子から生まれる農産物の危険性は極めて高いと考えられている。しかし、ハゲタカ資本は有害性を立証するハードルを引き上げ、「有害性が科学的に立証されていない」の主張を楯にして、規制を妨害する。

その妨害の最重要手段がＩＳＤ条項なのだ。規制によって損害を受けたと提訴して裁定機関が訴えを認めれば、規制は認められず、国家は提訴した企業に巨額の賠償金を支払わなければならなくなる。問題は、裁定機関の裁定が公正・正当なものにはならない可能性が高いことだ。

ＩＳＤ条項の肯定派は、裁定機関による裁定を「公平な裁判所での裁判」などと表現して公正なものであるかのように宣伝するが、実態はまったく異なる。ＩＳＤ条項は、外国投資家が、投資相手国政府や地方政府の措置がＴＰＰ投資章の規定に違反すると判断し、その結果として損害を蒙《こうむ》ったと判断する場合に、投資先国の中央政府を強制的に海外の仲裁手続に訴えることを認める制度のことである。

外国投資家の訴えに対して判断を下すのは、原則として３人の仲裁人による合議体であるが、この合議体は、事件ごとに選ばれ、事件について判断を下すと解散する。また、仲裁人は、申し立て人となる外国投資家が一人、訴えられた政府が一人、両者の合意でさらに一人が選任される。仲裁手続きは非公開で、上訴の制度はなく一審で終結する。仲裁人に特別な資格制度はない。さらに、仲裁人は、仲裁判断に関して説明責任も含めて、誰に対しても、いかなる責任も負わない。このような手続きで決定される仲裁が、国家権力の上に君臨することになるのである。

「ＴＰＰ交渉差止・違憲訴訟の会」の岩月浩二《いわつきこうじ》弁護士は、これと国際司法裁判所の制度とを比較して次のように指摘する。

国際司法裁判所は基本的に15人の裁判官で構成される常設の裁判所であり、裁判官は国連総会と安全保障理事会で、それぞれ絶対多数の賛成を得られた者がなる。したがって、国際的な意味での民主的な手続が徹底されており、国家間の紛争に対して強制的な判断を下す正当性が保障されている。これと比較してもＴＰＰにおけるＩＳＤ条項に基づく「仲裁」を行なう仲裁機関の正当性は極めて低い。

岩月氏はさらに、ＩＳＤ手続が、外国投資家と国家の間の紛争を国際紛争と同様の性格のものととらえるため、国際法としての投資章（投資を扱う章のこと）の規定に基づいて判断することになり、憲法を含めた国内法は投資章の規定を適用するに当たっての事情として考慮されるに過ぎないことも指摘している。憲法を含む国内法の体系は、一つの事情としてしか考慮されないのである。すなわち**ＩＳＤ条項は、一国の法体系を破壊するものである**と言わざるを得ないのだ。

安倍内閣はＴＰＰや日欧ＥＰＡ（経済連携協定）などを強引に推進しているが、知識と意識のある多くの市民が強く反対している。だが大半のマスメディアは、ＴＰＰや日欧ＥＰＡなどが自由貿易を推進するものであるとして、これを「善」と決めつけ、安倍内閣の暴走を後押ししている。その理由は、マスメディア自体が巨大資本によって支配されている存在であるからだ。ＴＰＰや日欧ＥＰＡは巨大資本の利益を極大化するために推進されており、巨大資本に支配されるマスメディアがこれを推進するのは当然のことと言える。

グローバリズムに抗する市民は、ＴＰＰおよび類似するメガＦＴＡを総称して「ＴＰＰ

プラス」と表現し、その撤廃を求めている。最大の理由はISD条項によって日本の自決権が失われるからである。

第二次大戦後の世界の趨勢《すうせい》は「民族自決」である。欧米列強、その後の日本を含む植民地支配を打破して、それぞれの国、民族が自主決定権を持つ世界を構築することが追求されてきた。ところが、安倍内閣が推進するTPPプラスは、民族自決、自主決定権を自ら放棄するものである。そして、TPPそのものが市民の幸福を増大させるものでなく、市民の命と暮らしを蝕《むしば》み、ただひたすらグローバルな大資本の利益極大化を追求するものなのだ。

武器としての食糧

米国では「食料は武器」という認識が浸透している。軍事、エネルギーに並ぶ国家を支える3本の柱の一つが食料である。イラクに対する侵略戦争を指揮したジョージ・ブッシュ大統領は「食料需給はナショナル・セキュリティの問題だ。アメリカは、これが常に保たれている。これに対して食料自給できない国を想像できるか。それは国際的圧力と危険にさらされている国だ」と述べた。

つまり食料を外交上の戦略物資と明確に位置づけている。当たり前のことだ。世界制覇を目論む巨大資本は、いくつかの特定の財とサービスにターゲットを絞り、グローバルにこれを支配する戦略を進めてきたと言える。その特定の財・サービスとは、食料、エネルギー、鉱物資源、兵器、そして金融である。人間の生存に欠かせないのが食料とエネルギーだ。その外縁《がいえん》に鉱物資源が存在する。そして、世界支配の直接的なツールが兵器であり、すべての活動を根源で支えるのが金の力＝金融である。

食料においては、主要農作物と種子を制覇する者が支配者になる。種子も食料も天から与えられたものであり、その所有権、獲得権は自然権の一つである。誰にもその権利を奪うことはできないはずであるが、グローバルな巨大資本は、この食料をも支配下に置き、人類そのものを支配する意図を有しているのだと見られる。

人間の生存のための条件を真摯《しんし》に見つめる者は、これらの「戦略物資・サービス」の重要性を正確に認識し、その安定的確保のための基本戦略を有する。ところが日本においては、その意識が希薄であり、ハゲタカ巨大資本によって、市民にとって必要不可欠な戦略物資・サービスの安定的確保がないがしろにされている。

TPPで日本政府は日本の農業を守る姿勢を示さなかった。これは国家の経済政策戦略として根本的な誤りである。すべての独立国家は食料確保のための方策、すなわち農業保護政策に全力を注いでいるのだ。

例えばコメの生産にしても、アメリカにおけるコメの生産コストはタイやベトナムなどと比べて大幅に高いが、低価格での輸出を行なっている。その背景に米国政府の巨大な補助金政策がある。米国ではコメ、麦、トウモロコシを輸出戦略物資と位置づけて、年間1兆円もの補助金を政府が投下している。

安倍内閣は「TPPによって日本の農業が輸出産業に生まれ変わる」と述べているが、実現可能性はゼロだ。どれほど優れた農産品でも価格が高すぎれば競争力を持たない。米国は日本に対して、農産品輸入を拡大するための関税率引き下げを強要しており、政府が十分な国内農業支援の政策を打たない限り、国内農業が壊滅打撃を受けることを回避できない。米国は農業を国家安全保障上の最重要産業の一つと位置づけ、農業に対して手厚い保護を実行している。関税率引き下げと国内産業保護は両立するものであるが、日本政府は国内農業を真剣に守ろうとしない。

これまでの日本では、津々浦々の中山間地にまで田園風景が広がり、兼業農家を中心とする農家が農業を続け、各地の農協を拠点に地産地消のネットワークが張り巡らされてきた。農家の高齢化が進行し、農家の後継者問題など解決すべき課題は山積しているが、食料自給、食の安全、そして国土の保全、豊かな農村文化の継承という視点において日本農業が果たしてきた役割はきわめて大きい。

農産物の輸入関税を撤廃し、農業における市場全面開放を行なうことは日本の農業の大半を破滅させる一方、日本で存続する農業は大資本が支配する企業型農業に限定されることになる。食の自給率はさらに低下し、グローバルな巨大資本が支配する農業においては、食の安全と安心が確保されなくなってしまう。

日本の市民は安心・安全の食料にアクセスする道筋と権利を失ってしまう。遺伝子組み換え（GM）食品の販売を拡張したい巨大資本は日本の制度改変を強要して、日本の市民が非遺伝子組み換え（NON‐GM）食品を選択できる環境を破壊しつつある。農産品の産地表示も、外国産農産品の販売を阻害する非貿易障壁だとして、これを排除するための制度改変を強要してきている。日本の制度は日本が決める。主権国家として当たり前の、こんな基本もTPPによって破壊されようとしているのである。

■「農産物の輸出額が過去最高」というフェイク

安倍内閣は農業を成長産業にする、農業輸出を1兆円するなどの目標を掲げているが、嘘をつく政府に騙されてはいけない。２０１５年の農産物輸出額は過去最高の７４５１億円を記録して、日本の農業が輸出産業化、成長産業化しているかのような誤情報が流布されている。

しかし、７５４１億円の輸出金額の大半は、アルコール飲料、加工食品、水産物が占めているのだ。上位5品目は、1位：ほたて貝、2位：アルコール飲料、3位：真珠、４位：ソース、たれ、ドレッシングなどの調味料、5位：たばこであり、生鮮農産物の輸出額は３５０億円にすぎないのである。農業の輸出産業化と言うなら、生鮮農産物の輸出が急拡大することが必要だ。ところが、そのような現実は存在しない。そして、安倍内閣は最重要の戦略物資である国内農産品生産を支える施策をまったく打ち出していない。日本の農業、第一次産業、食料が本当の意味で危機的局面を迎えている。

食料は私たちの命と健康の源泉である。食料がなければ、私たちは生きてゆくことができない。その根幹が、農業であり、食の安全に関する諸規制である。国内の農業、一次産業を守ること、そして、食の安全と安心を守るための万全の体制を敷《し》くこと。これが、主権者のための政府の基本的な役割、責任だ。米国は農産物を日本に売り込もうとしているが、その米国が巨大な補助金を投下して米国農業を支援している現実を見落としてはならない。

食料＝農業・水産業は、国家の経済的安全保障の根幹をなす。だからこそ、どの国も農業を守っている。米国農業の競争力が強く、その強さによって世界市場を席巻《せっけん》しているとの認識は完全に誤りである。米国政府自体が農業に対して巨大な補助金を投入して農業を守り、さらに、海外市場への進出を後押ししているのである。

■危険な農薬

遺伝子組み換え食品や種子（GM種子）だけでない。これとセットで販売される、有害性の極めて高い農薬が食料に残留しているのだ。

GM種子は、強力な除草剤に対する耐性を付与することを目的に開発される。強力な除草剤を散布しても枯れない種が遺伝子組み換えによって創作されているわけである。その結果として、GM種子がもたらす農産物に、除草剤成分が強く残留することになる。その除草剤成分の摂取が重大な健康被害をもたらす危険が警戒されるのだ。安倍内閣はハゲタカ資本の命令に従い、農薬の残留基準を大幅に緩和している。ここでは概略を記すにとどめるが、いくつかの事例を紹介しよう。

２０１８年8月10日、米国サンフランシスコの裁判所が、アグリビジネスの最大手企業の一つである米モンサント社が訴えられた裁判で、モンサント社に2億８９００万ドル（約３２０億円）の支払いを命じる判断を示した。訴えは、**モンサント社の除草剤「ラウンドアップ」の使用が、がん発症につながった**として損害賠償を請求したものである。裁判で陪審員は、ラウンドアップの主成分である「グリホサート」に発がん性が考えられるにもかかわらず、モンサント社はその危険を十分に伝えていなかったとして、全員一致で原告の訴えを認めた。

モンサント社は、１９０１年に米国ミズーリ州で創業。世界最大級のアグリビジネス企業として、その名がとどろいている。２０１８年6月にドイツのバイエル社による買収・吸収が完了して、独立企業としての社名が消滅したが、有害性が懸念される除草剤、除草剤に耐性を持つ遺伝子組み換え種子製造販売の代表的企業である。かつてはベトナム戦争で米国軍が使用した、あの枯葉剤を製造していた。枯葉剤がどのような悲劇を生み出したかはよく知られている。重大な染色体異常発生の原因物質だとされる。

サンフランシスコでの判決以来、世界ではラウンドアンプの有害性に対する警戒が急激に広がった。ところが、安倍内閣は規制基準の大幅緩和を実行しているのだ。ラウンドアップは、日本の小売店、ホームセンターで大量に販売されている。

グリホサート同様に、世界的にその危険性が指摘されているのがネオニコチノイド系農薬である。日本においても、現在、このネオニコチノイド系農薬が蜂《はち》を絶滅の危機に追いやっていることが警告されている。

ネオニコチノイド系農薬は神経に作用し、蜂の大量死滅だけでなく、鳥にも大きな被害を与えている。さらに、**人に対しても自閉症、認知症などの被害をもたらしている**ことが指摘される。

フランスは2018年9月1日、ネオニコチノイド系農薬の全面禁止に踏み切った。欧州連合（EU）は、4月に同系統の農薬3種類の屋外使用禁止を決定している。規制強化の動きが広がっているのだ。

また、日本やEUでは成長ホルモン「rBGH」の投与が禁止されているが、米国や豪州では使用が認められており、格安な輸入牛肉や乳製品を提供する外食産業や大規模小売店が拡大し、日本人が、成長ホルモンが投与された牛肉や乳製品を大量に摂取するようになっている。これが**前立腺がんや乳がん発生増加の原因になっている**可能性がある。

牛や豚の成長促進剤の一種で肉の赤身が増える飼料添加物「ラクトパミン」が米国、カナダ、メキシコ、豪州で広く使用されている。ラクトパミンは出荷前の豚などに数週間にわたって成長促進と赤身増加のために餌に混ぜて使用されているが、その副作用で歩行異常、震え、過活動、ひづめの障害、呼吸困難、衰弱死などが家畜に生じるとされている。

さらに、スーパーマーケットで販売されている米国産の牛肉やオレンジは、購入後に冷蔵庫に保存するだけで長期間腐敗しない。なぜなら米国産の柑橘《かんきつ》類には「ポスト・ハーベスト（収穫後）農薬」である防カビ剤が使用されているからだ。日本政府は、これを食品添加物の「保存料」と見なし容認している。TPPでは、この**ポスト・ハーベスト農薬が「食品添加物」ではなく「農薬」として認められる**ことになる。そうなると表示義務が生じない。

私たちの命と健康と暮らしは守られるのか

農業を守ると言うと、すぐ、「財政や法律で守られてきた産業を、政治的な思惑《おもわく》で過保護にすることは問題だ」との批判が生じるが、まったく見当違いだ。食料を確保し、食の安全、安心を確保することは、農家を守る施策ではなく、市民を守る、国民を守る施策なのである。私たちの生存を支える、人類としての基幹産業である農業等の一次産業をおろそかにして国民の幸福はあり得ない。

農業、水産業を守り、食の安全、安心を守ることが、政府の最重要の役割の一つではないか。農家を守るために農業や食料の問題を考えるのではない。私たち日本の主権者全体の命と健康を守るために農業や食料の問題を考えるのである。

私たちの命と健康と暮らしを守るために、さまざまな制度や規制が設けられている。命と健康と暮らしに関わる制度や規制としては、食料、医療、労働に関するものがとりわけ重要である。TPPプラスを推進するハゲタカ勢力は、ハゲタカ自身の利益を極大化するために、これらの諸制度や諸規制を排除しようと考えているのだと思われる。そのための最終兵器がISD条項であり、これを楯に諸制度、諸規制の改変を日本政府に要求しているのだ。

本来は、その要求をはねつけるのが、日本の主権者の利益を守る政府の基本行動であるべきなのだが、安倍内閣は逆にハゲタカの代理人であるかのごとく、国民の利益を損ねる方向に政策を進めている。市民がTPPプラスに強く反対するのは、TPPプラスが、日本の主権者の利益に反するという本質を正確に把握しているからなのである。

「予防原則」とは、危険性が存在するものに対して、「科学的立証」が成立していない段階で規制をかけるというものだ。この予防原則と正面からぶつかり合うことになるのがISD条項である。

日本政府は2012年の公約で「国の主権を損なうISD条項に合意しない」ことを明記した。ところが驚くことに、その後のTPP交渉、日欧EPA交渉では、日本政府が協定にISD条項を盛り込む行動の先頭を走ってきた。

ハゲタカ資本＝グローバル巨大資本＝多国籍企業は「予防原則」を敵対視している。

成長ホルモンや遺伝子組み換え食品の危険性は相当程度明らかである。しかし、「科学的立証」のハードルは人為的に高く設定されている。

ある物質等が「危険である」ことを「科学的に立証する」ことが極めて困難になるように、諸制度が仕組まれている。科学的な検証を行なう機関に対して、巨大資本が資金力にものを言わせて介入しているのも事実だ。

つまり、危険性が相当程度明らかであっても、そのことを「科学的に立証した」という段階に持ち込むことは容易でないのだ。このとき、国が「予防原則」によって、危険性に対して「可能性」の段階で規制をかけると、火を噴くのがＩＳＤ条項だ。

仲裁機関が多国籍企業の訴えを認めると国は損害賠償の責任を負い、同時に、「予防原則」で設定した規制を撤廃させられてしまう。

このようなことで、「食の安心・安全」を確保できるわけがない。米国が日本への輸出拡大のために、日本の食品規制等を破壊しようとしている。その意向を「忖度」して、安倍内閣が率先して日本の食の安全基準を破壊している。

米国は日本を支配するための手法として食料を位置づけている。日本人が直接食べる食料だけでなく、畜産業の飼料としての穀物、さらに日本で生産される農作物の種子を支配してしまえば、米国は日本人の食料を完全支配し得る。国民の利益を第一とする政権が存在しなければ、国民の利益は失われるばかりになってしまう。

■崩壊する日本の医療

そしてもう一つ。ＴＰＰで極めて深刻な影響が広がるのが医療である。ＴＰＰ参加の延長線上に、十分な医療は金持ちしか受けられない状況への移行が想定される。

現在の公的保険医療制度では、「いつでも、誰でも、どこでも」必要十分な医療を受けられることが制度によって保障されている。しかし、その現行制度下においてさえ、健康保険料を支払うことができないために必要な医療を受けられない市民が多数発生しており、深刻な問題になっている。

日本がTPPに参加すると、「十分な医療を受けられない」主権者が大量発生することになる。医療費支出を削減したい財務省は、公的保険によってカバーされる医療行為の範囲を狭めようとしている。TPP参加で薬価等が上昇し、公的医療保険の収支が悪化する。この状況を活用して「混合診療の拡大」が推進される。

「混合診療の拡大」とは、医療が2種類に区分されることにつながる。「公的保険でカバーされる医療」と「公的保険ではカバーされない医療」の2種類だ。公的保険にしか加入できない一般市民は、いわばBクラスの医療しか受けられないという状況に移行するのである。Aクラスの医療を受けるためには、高額の保険料を別途支払って、民間の医療保険商品を購入しなければならなくなる。つまり、医療の世界に冷酷な貧富の格差が持ち込まれることになるわけだ。

日本の平等社会を支えていた大きな柱が、公的医療保険制度による「いつでも、誰でも、どこでも」必要十分な医療を受けられる体制であるが、これが崩壊する。所得格差が無限に拡大するとともに、医療におけるセーフティネットがついに崩壊することになる。その影響は計り知れず大きなものになる。

No.⑨「消費税で社会保障」の嘘

■10％への増税「三度目の正直」はあるか

2019年10月に、日本の消費税率が現行の8％から10％に引き上げられることになっている。

消費税は1989年度に導入された。当初の税率は3％だった。この税率が5％に引き上げられたのが、1997年4月のことだ。私は日本の不良債権問題が極めて深刻な状況にあることを認識して、性急な増税政策が災厄《さいやく》を招くと警告し続けた。しかし、橋本龍太郎内閣は消費税増税を強行決定して、実施した。

私は1996年2月のNHK「日曜討論」で、「不良債権の規模が実質的には100兆円水準に達していると考えられる。この問題が存在するなかで、過度に緊縮的な財政政策運営を強行すれば、経済の再悪化がもたらされ、その予想から資産価格が急落し、結果として不良債権問題が噴出して金融危機を招く恐れが高い」と力説した。

当時、経済企画庁経済研究所長を務めていた吉冨勝《よしとみまさる》氏は、「そのようなふざけた内容を前提に議論するのでは話にならない」との対応を示した。

橋本政権は、1996年6月25日に、1997年度の消費税率2％引き上げ方針を閣議決定した。株価は翌6月26日の2万2666円を起点に、1998年10月9日の1万2879円へと、2年3カ月で1万円の大暴落を演じた。

1997年度の消費税増税が実施されると、これを背景に急激な経済悪化が始動し、株価下落、金融機関の不良債権問題拡大と悪循環を形成して大きな混乱が生じた。1997年11月3日に三洋《さんよう》証券が破綻。11月17日には北海道拓殖《たくしょく》銀行が破綻。11月24日には山一《やまいち》證券の破綻が表面化した。さらに事態は深刻化し、1998年には日本長期信用銀行、日本債権信用銀行の破綻が生じ、日本経済は金融恐慌に半歩、足を踏み入れた。

この結果として、1998年の参院選で橋本龍太郎氏率いる自民党が大敗し、橋本内閣が総辞職に追い込まれた。橋本内閣は、私が消費税増税問題で橋本内閣の政策運営を厳しく批判したことが政権崩壊の原因であった、と理解していたようだ。

その橋本首相が、その後、自身が領袖《りょうしゅう》を務める自民党平成研究会の会議に私を講師として招き、1990年代から2000年代初頭にかけての経済政策について、私の解説を熱心に聴講した。その上で、財務省＝大蔵省の誘導に乗った政策運営の誤りを正当に肯定したのである。

2001年から2006年に政権を担った小泉純一郎氏は、1997年度の橋本政権と同じ過《あやま》ちを繰り返した。小泉氏が自民党総裁に就任した2001年の総裁選に橋本龍太郎氏が出馬したのは、小泉氏が同じ過ちを繰り返さぬようにするためであった。しかし、超緊縮財政運営を掲げた小泉氏が代表選で勝利し、首相の椅子を手にして、結局、日本経済を奈落に転落させた。

5％の消費税率は、2014年4月に8％に引き上げられた。この消費税増税を断行したのが、第二次安倍内閣である。安倍内閣は「消費税増税の影響軽微」とする財務省と日本経済新聞による大キャンペーンに乗せられた。現実には消費税増税によって日本経済は撃墜されたのである。

私は2013年11月に上梓した『日本経済撃墜』（ビジネス社）に、消費税増税が日本経済を転落させるとの予測を明確に記述している。現実に、日本経済は消費税増税を基本的な原因として、極めて深刻な不況に転落したのである。

２０１４年４月に消費税率が８％に引き上げられた際、さらに２０１５年10月に、消費税率を８％から10％に引き上げることが決定されていた。しかし第二次安倍内閣発足後、二度目となる消費税増税は２０１４年12月の総選挙に際して延期された。新しい消費税の実施時期は２０１７年４月とされ、１年半先送りされた。

ところが２０１６年６月、安倍首相は参議院選挙を目前にして、２０１７年４月の消費税増税を再度延期することを示した。結局、２０１４年度に消費税率が８％に引き上げられたのちは、２０１５年10月、２０１７年４月の二度の消費税率10％への引き上げ計画が、二度にわたって延期された。その「三度目の正直」の消費税増税時期が、２０１９年10月と定められている。

この消費税増税を三度目の正直で実施するのか、あるいは「二度あることは三度ある」の言葉に沿って、三たび増税を延期、あるいは凍結するのかどうか、極めて重要な局面に差しかかっている。二度の延期は選挙での得票を狙ったものだ。約束を反故《ほご》にしても増税延期だけは受けが良い。これに味をしめて、**安倍首相は２０１９年も参院選直前に増税延期を発表する可能性が高い**。

ここでもまた、国家の嘘が頻繁に活用されている。

安倍首相は２０１８年10月15日の臨時閣議で、２０１９年10月に消費税を予定通り10％に引き上げる考えを改めて示した。

菅義偉《すがよしひで》官房長官は「消費税率については、法律に定められたとおり、来年10月１日に現行の８％から10％に引き上げる予定であります。今回の引き上げ幅は２％ですが、前回の３％引き上げの経験を生かし、あらゆる施策を総動員し、経済に影響を及ぼさないよう全力で対応いたしてまいります」と述べた。

しかし、その菅官房長官は10月７日のＮＨＫ番組で次のように述べている。

「消費税引き上げはリーマンショックのようなことがない限り実施する」

「ただし書き付きの言い回し」がミソである。前項「ＴＰＰプラスの嘘」で述べたように、言葉の綾をかいくぐって、黒いものを白と言い張るペテン師の手法が全面的に活用さたと言うほかない。２０１４年11月、２０１６年６月と、選挙直前にカードを切って、安倍内閣は選挙を有利に展開した。今回も同じことを考えていると見られる。菅官房長官の言葉は、「リーマンショックのようなことがあれば消費税増税を実施しない」という意味だ。

　安倍内閣は2016年6月に、2017年4月に延期していた消費税増税を、さらに1年半延期することを発表した。このときに使った理由が「リーマンショックのようなこと」だった。2016年5月の伊勢志摩《いせしま》サミットで、安倍内閣は内外の経済金融情勢がリーマンショック前に似ているとした。客観的に見れば、情勢は「リーマンショック後の」状況にやや類似するものであったが、「リーマンショック前」には似ていなかった。だが、これを理由に消費税増税再延期を決めた。

「リーマンショック」というのは、取って付けたような「口実」に過ぎなかった。ただ選挙があるから、増税を延期したかっただけなのだと推察される。選挙用のアピールとして「増税延期」が用いられたのだ。

　この例に従って、2019年も、ふたたび「増税延期」が選挙に使われることになると考えられる。しかし、今回は「増税延期」を打ち出しても選挙に勝てない可能性が高い。もちろん、野党がどのような政策を提示するのかにもよる。野党は「消費税減税」、「消費税廃止」を打ち出すべきだ。野党が「消費税減税」なら、安倍内閣が「消費税延期」のカードを切ってもインパクトはない。

■消費税増税の正体

そもそも、消費税増税という政策が間違っていることを、日本の主権者は認識しなければならない。

以下の事実をすべての主権者が把握する必要がある。1989年度と2016年度の税収構造の実態だ。第1章での記述を詳説する。

税収規模は1989年度が54・9兆円、2016年度が55・5兆円だった。このなかで主要税目の税収が激変した。

所得税　21・4兆円　→　17・6兆円

法人税　19・0兆円　→　10・3兆円

消費税　3・3兆円　→　17・2兆円

すなわち、

法人税＝9兆円減少

（出典：財務省）

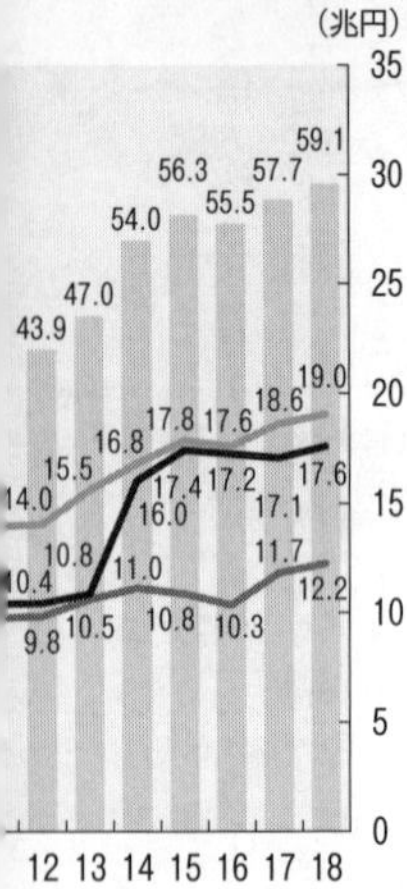

消費税の税収だけが増えている

	1989年度	2016年度	増減
所得税	21.4兆円	17.6兆円	−3.8兆円
法人税	19.0兆円	10.3兆円	−8.7兆円
消費税	3.3兆円	17.2兆円	+13.9兆円

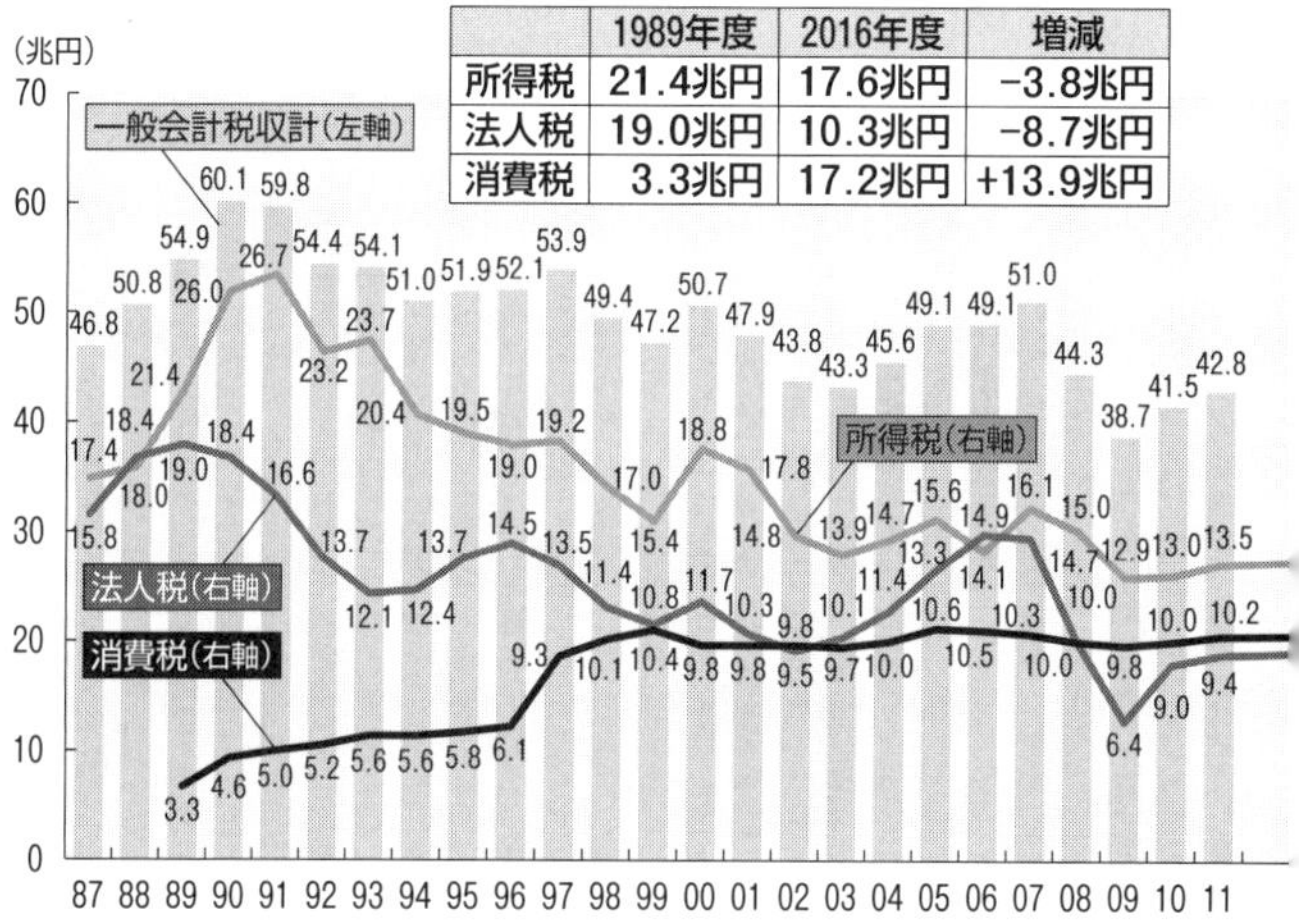

所得税＝4兆円減少
消費税＝14兆円増加

が、事実の推移なのだ。

消費税増税は、法人税と所得税の減税を実施するために強行実施されてきたのである。財政再建や社会保障支出拡充のためではなかった。したがって、これ以上、消費税を増税させることは許されない。消費税を減税して、所得税と法人税の負担を増加させるべきだ。

皮肉なことに、「リーマンショックのようなこと」は安倍首相の消費税増税指示によって発生している。安倍首相が増税を指示した10月15日以降、日本の株価が急落した。自ら創作する「リーマンショックのようなこと」で「消費税増税延期」は、究極のマッチポンプだ。安倍内閣の責任は重大である。

アベノミクスの頼みの綱は株価上昇だったが、この株価に明確な翳《かげ》りが生じている。すでに述べたとおり、もともと日本経済全体のパフォーマンスは極めて悪い。四半期毎に発表される実質GDP成長率の単純平均値では、民主党政権時代が＋1・7％だったのに対して、第二次安倍内閣発足後は＋1・4％だ。

民主党政権時代は日本経済が超低迷した時期だった。東日本大震災、福島原発事故が発生したことも影響している。第二次安倍内閣発足後の日本経済は、その民主党政権時代よりも悪い。

メディアは株価だけを取り上げるが、国民にとって何よりも重要な経済指標は実質賃金の推移だ。労働者一人当たりの実質賃金は、民主党政権時代には、ほぼ横ばいで推移したが、第二次安倍内閣発足後には、約5％も減少した。「国民の生活が台無し」が、安倍内閣がもたらした結果なのだ。

経済活動の果実は「労働」と「資本」とに分けて配分される。これを「分配所得」と言う。安倍内閣の経済政策＝アベノミクスの特徴は、生産の果実の分配において、「資本」

を優遇して、「労働」を虐《しいた》げる点にある。「資本」が優遇されるから、「労働」の分配所得が減るなかで、「資本」の分配所得だけが急増した。これが株価上昇の基本背景である。

「企業栄えて民滅ぶ」というのがアベノミクスの帰結なのだ。

その安倍内閣が、労働＝消費者＝生活者をさらに踏みつけにする消費税増税を推進している。消費者＝労働者＝生活者の多くが存立不能の状況に追い込まれるだろう。消費者が本当に倒れてしまうと、実は企業も立ち行かなくなる。「売り手によし、買い手によし、世間によし」という「三方よし」という言葉があるが、生産活動の分配にあてはまる。「雇い手によし、働き手によし、世間によし」でなければ経済は回らない。アベノミクスの本質は「ハゲタカ・ファースト」で「国民の生活が台無し」である。短期的には株価上昇でうまくいっているかのような錯覚が生じるが、消費者＝生活者＝労働者が滅んでしまえば、企業が活動する場がなくなってしまう。

安倍首相は消費税増税を断行する考えを持っていないと思われる。そうであるなら、2018年中に消費税増税の延期を決定するべきだった。選挙での宣伝材料に使おうとして、消費税増税を指示したことが転落の始まりになるのではないか。

多くの国民は騙されている。

日本の財政状況が危機的で、社会保障制度を維持するためには消費税増税が必要であると聞かされてきた。しかし、現実はまったく違う。

政府は消費税収を社会保障支出に充《あ》てると言うが、社会保障支出の国庫負担金額は33兆円程度あり、消費税収がこの金額に達するまでは、「消費税収はすべて社会保障支出に充当する」と言うことができる。目的税でない限り、一般財源の税収を特定の支出費目に充てるとの「言い回し」は何の意味をも持たない。

消費税増税が強行実施されてきた理由は、社会保障制度維持のためでも、財政健全化のためでもなかった。ただひたすら、法人税と所得税を減税するためだけのものだった。何よりも重要なこの「知られざる真実」をすべての主権者が正確に知らなければならない。

■お金持ちを優遇するだけの税制

所得税と消費税の、どこがどのように違うのか。最大の相違は、所得税が**「能力に応じた課税」**であるのに対して、消費税は**「能力に応じない課税＝能力に反する課税」**であることだ。

所得税の場合、条件によって当然異なるが、夫婦と子2人（大学生・高校生）で片働きの給与所得者なら、給与収入が３５４・５万円までは、所得税負担が発生しない。これを「課税最低限」と呼ぶ。上記の条件では、給与収入が３５０万円までの労働者は所得税納税が免除されている。

しかしながら消費税の場合は、所得がゼロの個人に対しても８％の税率が課せられる。しかも、生活必需品等の免税措置も存在しない。他方、年収が10億円、１００億円の個人に対しても、適用される税率はまったく同じ８％なのである。２０１９年10月には複数税率が導入されることになっているが、必要なことは生活必需品の税率ゼロであって、８％と10％の区分ではない。また複数税率は、中小零細企業に重すぎる事務負担を与えることになる。

所得税は「能力に応じた課税」であると書いたが、実は、これにも重大な問題がある。原則としては、所得が増えるに従って、税負担率が上昇する。これを「累進《るいしん》税率」と呼んでいる。所得が高額になればなるほど、税負担率が上昇することになっている。

ところが、現実は違う。**所得が増えるほど、税負担率が低下する**という現実が存在するのだ。実証分析の結果は、年収が1億円を超えると、所得が増えるほど税負担率が下がる事実を示す。「能力に応じた課税」ではない現実が広がっている。

一言で言えば「金持ち優遇税制」が厳然と存在しているのだ。その原因は金融所得（株式譲渡益や利子、配当など）の分離課税にある。所得税の最高税率は45％だが、超富裕層の所得の多くが金融所得であるために、この税率が適用されない。分離課税の税率が20％であると、超富裕層の税負担率は20％にまで低下してしまうのである。

さらに、法人税減税も理屈が成り立たない。２００７年の政府税制調査会報告書「抜本的な税制改革に向けた基本的考え方」には、法人税についての政府見解が明記された。

この報告書では、企業の税及び社会保険料負担の国際比較が行なわれ、その結論として、日本の法人負担が「国際比較上、必ずしも高いとは言えない」との判断が明記された。日本政府は法人税減税が必要ないとの結論を示したのである。

しかし、政府はこの公文書を政府公式サイトから削除した。都合の悪いことが書かれているために、証拠を隠滅《いんめつ》したのだろう。嘘《うそ》と隠蔽《いんぺい》と改竄《かいざん》と開き直りが安倍政治の基本作法である。恐るべき政府である。

政府は２０１２年度以降、法人税減税を熱烈推進してきた。理由はただ一つ。消費税増税を実現するためである。

法人税減税の恩恵を受ける最大の対象が、経団連企業（日本経済団体連合会に加盟する企業）だ。財務省は経団連企業に利益供与して、消費税増税への後押しを依頼したのである。また、経団連企業はスポンサーとして、マスメディアを統制し得る立場にある。財務省は経団連企業を通じて、間接的にマスメディアの情報を消費税推進へと導《みちび》いた。

私は、大蔵省が消費税の当初モデルだった売上税の導入を図る際、大蔵省内部に設置した世論操作プロジェクト担当部局の発足メンバーの一員だった。財務省の悪事の数々を自分の原体験として保持しているから、この点については確証をもって証言できる。

さらに言えば、法人税減税を強烈に要求してきたのがハゲタカ資本である。日本の上場企業株式の3～4割をハゲタカ資本が占有している。ハゲタカ資本は日本での利益を極大化することと、日本政府への納税を最小化することを目指し、要求してきた。そのハゲタカ資本に日本政府は法人税減税で利益供与を行なっている。

所得税減税の恩恵を受けてきたのは富裕層である。富裕層と経団連企業とハゲタカ資本に利益供与するために、消費税の巨大増税が遂行されてきた。ところが、日本の主権者はこの重大事実を知らない。この「無知」につけ込んで、さらに消費税率の10％への引き上げが進められている。

日本の主権者は真実を知って反乱を起こすべきではないか。不正な税制に基づく反乱は、最も正統性のある、主権者による根源的な反乱である。

■「日本国は財政危機にある」という大嘘

社会保障支出充実のための消費税増税などという事実は、この世のどこにも存在しない。存在するのは、消費税増税による、所得税および法人税の減税である。所得階層別に捉えれば、一般庶民から税金をむしり取り、富裕層の税負担を大幅に減免したということになる。

菅直人氏が言い始めた「明日はギリシャ」という話も、とんでもない捏造である。菅直人氏は「財務省の嘘」に騙されてしまった。財政危機に直面したギリシャの政府債務残高GDP比が170%なのに、日本の政府債務残高GDP比は200%を超えている。消費税増税を実行しなければ、日本は明日にでもギリシャのような財政危機に見舞われる——このような「風説」が流布され続けてきた。

国民経済計算統計が日本政府のバランスシート公表している。それによると、2016年末の日本の一般政府債務残高は1285兆円になっている。GDPの200%をはるかに上回る。たしかに政府債務残高はGDP比200%を超えている。しかし、そのことだ

日本政府は18兆円の資産超過（2016年末）

一般政府　期末貸借対照表勘定（単位：10億円）

非金融資産	**697,931.4**
生産資産	580,139.6
非生産資産	117,791.8
土地	113,418.6
金融資産	**604,348.9**
持分・投資信託受益証券	158,633.4
その他の金融資産	239,910.4
期末資産	**1,302,280.3**
負債	**1,284,593.3**
借入	163,083.3
債務証券	**1,056,890.7**
正味資産	**17,687.0**

日本政府の負債残高は1285兆円で、たしかにＧＤＰの２倍以上に達しているが、政府は1302兆円の資産を保有しているため、18兆円の資産超過である。この事実を知る者は少ない　（出典：国民経済計算）

けをもって日本が財政危機にあるというのはとんでもない誤りである。

負債が１２６２兆円あるのは事実だが、２０１６年末の政府資産残高は１３０２兆円ある。差し引き18兆円の資産超過である。財務の健全性は、資産と負債のバランスで判断される。統計ベースは異なるが、米国財務省発表統計によれば米国連邦政府の資産負債バランスが２０００兆円を超す債務超過であることと比較しても、日本政府の財務状態は最優良に近いと言える。

財務省は２００７年の政府税制調査会報告書をネット上から削除し、日本政府の資産総額を絶対に口にしない。財政危機が「国家の嘘」であることが判明してしまうからだ。しかし、公式統計であるため、統計から削除することはできず、統計に正しくアクセスすれば、誰でもこの真実の数値を確認できる。

政府は徴税によって資金を調達する強制力を有している。したがって、民間企業のバランスシート評価における厳しさを、政府のバランスシート評価に当てはめる必要性は低い。

財務省は近年、私の指摘を気にして、金融資産についてのみ、資産と負債を示すようになった。政府負債のほとんどが金融負債で、資産においては金融資産が約半分だ。そのため、金融資産・負債を公表すると、やはりネットの純債務金額が大きくなる。あまりに幼稚な対応に驚かされる。バランスシートを強調するなら、実物資産を含めた全体増を示すべきであるのは当たり前のことだ。

つまり、財務省は日本国民に対して、日本財政が危機に直面しているという「虚偽情報」を流布して、消費税増税を推進しているのだ。

2019年10月の消費税再増税の取り扱いは、日本経済全体に極めて重大な影響を与える問題である。安倍首相は消費税増税の再々再延期を決定する意向だろうが、今回は弱点がある。この点に留意しなければならない。

安倍首相は森友疑惑での内閣総辞職を免れた。最大の要因として検察が不正な無罪放免を実行したことを挙げられるが、実はもう一つある。それは、財務省が森友問題への安倍首相夫妻の関与を隠蔽しきったことだ。財務省が秘密を暴露しなかったおかげで、安倍内閣が存続できた。**財務省が事実をありのままに明らかにしていれば、安倍内閣は完全に崩壊していた**だろう。

国会では財務省が悪役を一手に引き受けたが、財務省幹部は、自分たちは安倍首相夫妻の身代わり地蔵になったとの心証を有している。何よりも残酷な被害を蒙ったのは、汚れ仕事を押し付けられて自ら命を絶った勤勉な近畿財務局の職員である。職員と遺族の怨念《おんねん》はいまなお渦巻いていると思われる。

財務省は安倍首相に恩を売り、同時に、安倍首相を追い落とすカードを、いまなお温存していることになる。財務省はこれをブラフに使って安倍首相に増税を強行させる考えを有しているだろう。

さらに重要な一点を付け加えるなら、消費税増税は零細事業者をこの世から殲滅《せんめつ》するための究極の一策になると思われることだ。消費税増税が実施されても、零細事業者は増税分を価格に転嫁《てんか》することができない。このとき、消費者が負担するはずの消費税増税金額が零細事業者の負担になってしまう。事業が赤字で、本来は納税負担がゼロであるべき企業が、巨額の消費税納税負担を強《し》いられる。その結果、ますます多くの零細企業が倒産や廃業に追い込まれることになるだろう。

ハゲタカと富裕層だけを栄えさせるための税制改悪を、これ以上進行させることは絶対に許すべきでない。

終章

国家の嘘に騙されないために

■何が国家の嘘を許しているのか

日本政治の暴走を支えている三つの重要な理由がある。刑事司法の不正支配、メディアの不正支配、そして、主権者の緩《ゆる》さである。順に述べてゆく。

第一は、政治権力によるによる刑事司法の不正かつ不当な支配である。内閣総理大臣は警察・検察・裁判所の人事権を形式上、有している。この人事権を濫用すると、警察・検察・裁判所が政治権力＝行政権の長によって不当支配されてしまう。権力に近い者は重大な罪を犯しても無罪放免にする。逆に権力にとって危険・邪魔な人物は、完全無実であるのに犯罪者に仕立て上げて、社会的に抹殺してしまう。キャラクター・アサシネーション＝人物破壊が日本でも横行するようになった。こうした不正が繰り返されてきた。

日本の警察・検察・裁判所には巨大すぎる裁量権が付与《ふよ》されている。それは、「犯罪が明白に存在するのに、犯罪者を無罪放免にする裁量権」と「犯罪が存在しないのに、市民を犯罪者や刑事被告人に仕立て上げる裁量権」である。刑事訴訟法第２４８条が定める「起訴便宜主義」が拡大解釈されて、警察・検察行政が腐敗しきっている。

第二は、政治権力がマスメディアを不当支配していることである。

民間放送は財務の上で大資本が支配しており、その大資本が政治権力に隷従《れいじゅう》、あるいは癒着している。日本の情報空間は著しく歪《ゆが》められて、市民に真実の情報が伝わらない状況が生み出されている。公共放送であるはずのＮＨＫは、内閣総理大臣が人事権を濫用して経営委員会を支配し、結果として放送内容が偏向する。「みなさまのＮＨＫ」ではなく「あべさまのＮＨＫ」と化している。

日本のマスメディアは、「16社体制」の言葉が象徴するように、ごく少数の企業体によって占拠されている。読売、朝日、毎日、産経、日本経済の5大全国紙は、それぞれ系列に全国放送キー局を有する。他方、全国の地方紙に情報を配信しているのが共同通信社と時事通信社だ。このほかに公共放送としてのＮＨＫと、北海道新聞、中日新聞、西日本新聞の地方ブロック紙がある。この16社が日本の情報空間を、ほぼ支配しているのだ。近年は、インターネット経由の情報提供の比率が拡大しつつあるが、市民がアクセスする入口となるサイト（ポータルサイト）は限定されており、これを大資本が支配している。

メディアは本来、「社会の木鐸《ぼくたく》」としての役割を期待されているが、民間資本は利潤追求の本質から離れられず、政治権力との癒着を強めてしまう傾向が強い。

ＧＨＱ民政局（ＧＳ）が主導した戦後民主化の時代、ＮＨＫ改革が本格的に動き始めた。選挙で公選された放送委員によって構成される、政府から独立した放送委員会を設置し、ＮＨＫを放送委員会の支配下に置く案が検討された。法案の大綱まで作られたが、米国の対日占領政策が民主化から反共化に転換して立ち消えになった。逆に反共化によって、ＮＨＫは明確に政治支配の枠組みに組み込まれてしまった。

主権者である国民の情報源は、いまなお圧倒的にマスメディアである。ポータルサイト上のニュースも、その配信元はマスメディアだ。人々は、意図のある情報に接し、知らぬ間に特定の方向に誘導されてしまう。米国の対日占領政策の基本に３Ｓ（スクリーン＝映画、スポーツ、セックス）が置かれていたことはよく知られるが、人々の関心が政治に向かわぬよう、芸能、スポーツ、エログロ情報が意図的に氾濫されている。国家の嘘を補強しているのが日本のマスメディアである。

■世界では民衆が政治を変えた

世論調査の数値が真実である保証も、実はどこにもない。元日本経済新聞経済部長でテレビ東京副社長（当時）の池内正人《いけうちまさと》氏が、２０１０年９月14日に実施された民主党代表選に関して、インターネット上のサイト「あらたにす」に《大新聞が得意の世論調査をやればいい》と書いた。池内氏は《これが国政選挙の場合だったら、この種の世論調査は不可能だ。（公職）選挙法に触れるかもしれない。しかし一政党内の選挙ならば、規制する法律はないと思う》と主張した。陸山会事件で検察が失脚を推進していた小沢一郎氏が、代表戦に出馬したときのことだ。

この代表選では小沢氏が勝利を収めていたと思われるが、結果は菅直人氏の再選だった。不正選挙の疑いが極めて強い。この選挙に際して、池内氏は世論調査を使って情報誘導をやるべきとの趣旨の主張を展開したのである。

池内氏は記述のなかで、小沢氏の出馬について以下の暴論を吐いた。

《仮に小沢氏あるいは鳩山氏が立候補するとすれば、重大な問題を引き起こす可能性がある》

《この両氏は「政治とカネ」の問題で、民主党の代表と幹事長の職を辞したばかりだ》

《もし当選すれば、そのまま総理大臣に選出される。特に小沢氏の場合は、首相になってしまうと検察審査会の権限も及ばなくなるという》

事件が人為的に創作され、しかもまだ「疑い」でしかない時点で、有罪を前提に議論を展開している。「無罪推定の原則」さえ知らないように見える。

こうした人物がマスメディアの中枢に位置しているのであるから、そのメディアが発する情報に信頼を置けるわけがない。しかし、メディアの力は恐ろしい。人々は、歪んだ情報に接しているうちに、その歪んだ情報を真実であると錯覚してしまうのだ。

日本政治が暴走している第三の理由は、日本の主権者が、この暴政の存続を容認してしまっていることだ。日本の主権者国民が立ち上がり、行動していれば、とっくに安倍内閣は消滅しているはずだ。

韓国では連日の100万人デモが原動力になって政権が刷新された。イタリアでも、草の根民主主義運動の「五つ星運動」が活動開始から9年で政権を獲得するに至った。スペインのカタルーニャ地方では独立運動が燃えさかっている。メキシコでも市民が政変を実現させた。マレーシアでも政権が刷新された。世界中で民衆による政治刷新の動きが広がっている。

しかし、日本では主権者である市民の行動が極めて抑制されている。メディアの情報誘導で真実が見えなくされていることも影響しているだろう。同時に、日本の民衆が、ものごとを「疑う」習慣を身につけていないことも大きく作用しているのではないか。

すべてを疑う

私は日本人の精神構造を「お上《かみ》と民《たみ》の精神構造」と表現してきた。「お上には従順に従う」「ややこしい政治の話には口をはさまない」という「寄らば大樹《たいじゅ》」「事なかれ主義」「長いものには巻かれろ」が、歴史的に日本人に埋め込まれてきたように思う。260年も持続した江戸時代に定着した行動様式、判断基準であると考える。

日本の民主化は市民が自らの手で勝ち取ったものではない。戦後に外から授《さず》けられたものだ。国民主権の民主主義国家では、政府は「お上」ではなく、民衆が自らの手で、自らの幸福のために創設するものである。「人民の、人民による、人民のための政府」である。ところが日本人は、江戸、明治の感性から抜け出していない。

歴史作家の塩野七生《しおのななみ》氏が『ルネサンスとは何であったのか』（新潮文庫）で、《ルネサンスとは一言で言うと、すべてを疑うこと》と述べている。すべてを疑い、自分の目で見て、自分の頭で考えること。これがルネサンスをもたらした。

国家とは何か。暴走する国家に私たちはどう立ち向かうべきなのか。その答えを私たちは、自分の目で見て、自分の頭で考えて導いているだろうか。

自分の目で見て、自分の頭で考える。すべての主権者がこの行動様式に目覚めなければ、新しい時代を切り拓《ひら》くことはできない。暗黒の時代が続いてしまうのである。「自分の考え」と思っていることが、本当に「自分の考え」なのか。マスメディアによって刷り込まれた情報を、知らぬ間に、「自分の考え」だと思い込んでいないか。このことに気づかなければならない。

この点に関して、私は教育の重要性を痛感する。日本では、初等教育のころから染みついた「上に逆らうな」「全体の流れを乱すな」「余計なことを言うな」が、大多数の国民の行動を規定してしまっているのではないか。これでは権力者の思う壺である。

本当の教育とは、「自分の頭でものごとを考える習慣を身につけさせること」「おかしなことがあれば、おかしいとはっきりと口に出して言える習慣を身につけさせること」を目指すものである。日本の教育は、子どもをその真逆に向かわせている。

第一次安倍内閣は2007年に教育基本法を改定した。ここに色濃く出ているのは「国家のための国民」の創出である。教育基本法のなかに、教育の目標として「伝統と文化を尊重し、それらをはぐくんできた我が国と郷土を愛する」ことが明記された（第2条）。これは、日本国憲法が保障している、思想及び良心の自由（19条）、信教の自由（20条）、言論の自由（21条）に反するものだ。個人の尊重（13条）にも反している。これらの条文を踏まえれば、教育の現場において「伝統と文化を尊重し、それらをはぐくんできた我が国と郷土を愛する」ことを強制するのは許されないと考えるべきである。

さらに教育基本法は、第1条に教育の目的として「国家及び社会の形成者として必要な資質を備えた国民の育成を期して行われなければならない」とも定めた。自由権を有する尊厳ある個人の育成ではなく、国家の形成者として必要な国民の育成が、教育の目的に位置づけられてしまったのだ。

日本の教育が「覚えろ」「従え」偏重で、「考える」「発言する」を重視するどころか、むしろこれを敵対視しているのは、安倍内閣が定めた教育基本法によって増幅されている弊害だと言っても過言ではない。

日本国憲法は教育について第26条で次のように定めている。

第26条　すべて国民は、法律の定めるところにより、その能力に応じて、ひとしく教育を受ける権利を有する。

2　すべて国民は、法律の定めるところにより、その保護する子女に普通教育を受けさせる義務を負ふ。義務教育は、これを無償とする。

第1項で「教育を受ける権利」を定め、第2項で保護者に対し「子女に普通教育を受けさせる義務」を定めている。ここから「義務教育」という概念が生まれている。

注意が必要なのは、「義務教育」が「子女に普通教育を受けさせる義務」であって、「子女が学校に行く義務」でもなければ、「子女に学校教育を受けさせる義務」でもないことだ。

ところが学校教育法では、第17条で「子女を学校教育法第1条に基づく学校に就学する義務」を定めている。憲法の規定ではなく、学校教育法において「子女を学校に就学させる義務」を定めているのである。「学校に行く義務」ではなく、「学校に就学させる義務」である。

しかし、その学校が、いまや児童・生徒にとって安全な場ではなくなっている。２０１

8年7月17日には、愛知県の小学校で校外学習先から戻った1年生の男子児童の意識がなくなり、救急搬送されたが間もなく死亡するという事故も発生した。連日の酷暑で、気象庁が屋外での活動が生命の危険を伴うことを強く警告しているなかでの事故だった。学校の子どもの命を守る意識の希薄さを示す事例だった。学校内におけるいじめを原因とする自死も後を絶たない。

日本の政治を刷新する

2017年10月の総選挙・比例代表選挙における自民党の得票率（全有権者を分母とする絶対得票率）は17・9％だった。公明党の得票率は6・7％で、自公を合わせた得票率は24・6％である。

これに対して、立憲民主、希望、共産、社民の野党4党の得票率は合計で25・2％だった。自公の得票よりも野党4党の得票のほうが多かったのだ。

4年前、2014年12月総選挙での得票率は以下の通りだ。

自民は17・4％、公明が7・2％。自公は合計で24・6％。

対する野党は、6党合計で28・0％だった。野党の中に「維新」の8・3％が含まれている。

「自公」対「反自公」の構図で見ると、次のようになる。

	自公		反自公
２０１４年12月選挙	24・６%	対	28・０%
２０１７年10月選挙	24・６%	対	25・２%

私たちが認識すべきは、安倍自公の存立基盤が盤石《ばんじゃく》ではないということである。反自公勢力が一つにまとまれば、完全に自公と渡り合える。上記の計数が、それを如実に示している。

そのために何をすればよいのかを考える必要がある。

２０１６年参院選では、選挙区において、北海道、秋田を除く東北、新潟、長野、山梨、三重、大分、沖縄で反自公勢力が勝利した。茨城、東京、静岡、愛知、京都、広島で議席は折半となった。面積で計算すると、安倍陣営勝利地域が46%、反安倍陣営勝利地域が45%。面積では完全な互角の勝負だった。

しかし、32の1人区では野党連合は11勝21敗である。これでは政権奪取には手が届かないが、少なくとも「安倍一強」という現実は存在しない。

参院選で野党勢力が力強さを欠いたのは、野党の中心に位置した民進党が主権者の支持を完全に失っていたからだ。政策路線があいまいなのだ。「隠れ与党勢力」が多数潜《ひそ》んでいる状況では、主権者はこの政党を信頼して投票できなかった。

野党勢力は旗幟《きし》を鮮明にしなければならない。その好事例が沖縄での戦いである。2018年9月30日の沖縄県知事選で、オール沖縄が擁立した前衆議院議員の玉城《たまき》デニー氏が自公維新の推薦する候補に8万票の大差をつけて圧勝した。オール沖縄の戦いをオールジャパンに広げること。これが日本政治刷新の条件である。

沖縄の選挙の最大の特徴は、反安倍陣営に共産党がしっかりと組み込まれたことである。安倍陣営の勝利の方程式は、反安倍陣営の分断にある。反安倍陣営を分断すれば、必ず安倍陣営が勝つ。当たり前のことだ。選挙の勝敗を決するのは、衆院の小選挙区と参院の1人区である。当選者が1人しか出ない選挙区だ。この選挙区で反安倍陣営を分断すれば、ほぼ間違いなく自公候補が勝つ。

だから、安倍陣営は常に反安倍陣営を二つに割ることを考える。そのために最も有効な方法が、「共産党と組むのか」と挑発することだ。反安倍陣営を「共産党と共闘するグループ」と「共産党とは組まないグループ」に分断することに成功すれば、この時点で決着がついてしまう。

だから、安倍首相はいつも声を張り上げて、「共産党と共闘するんですか！」「民共共闘に投票するんですか！」と叫ぶのである。

沖縄県知事選のように、共産党を含む反安倍政治連合が確立されれば、政権奪還は時間の問題だ。政党を一つにするとか、名簿を一つにするとかにこだわる必要はない。大事なことは、一つの選挙区に、ただ一人の候補者をしっかりと擁立することだ。はっきりしていることを愚直に実行する。これが選挙に勝つための極意ではないか。そして、選挙で勝たない限り、日本政治の刷新は実現しないのである。

私は2015年6月に、インターネット上に「オールジャパン平和と共生」という名称の政治運動を立ち上げた。鳩山由紀夫元首相、原中勝征《はらなかかつゆき》前日本医師会会長、山田正彦《やまだまさひこ》元農林水産大臣などをはじめとする多くの識者に賛同、支援、参画をいただき、「戦争と弱肉強食の政治」を「平和と共生の政治」に転換するための連帯運動を展開している。脱原発、平和、最低保障拡充を基本に、「愛・夢・希望の市民政権樹立」を目指して行動している。

主権者と、基本政策を共有する政治勢力が大きな連帯を形成して、候補者の一本化を実現すれば、必ず日本政治を刷新できる。これが「国家の嘘」を打破する決定打になるはずだ。

あとがき

「人民の、人民による、人民のための政府」の言葉が示すように、本来、政府は主権者が主権者のために樹立するものである。国家は私たち主権者のものであり、主権者が国家を支配する立場にあるべきである。

ところが、この根本原則が踏みにじられている。多くの主権者にとって、国家は自分たちのものではなく、自分たちの上位に位置し、自分たちを監視し、指図し、支配する存在になってしまっている。国家が私たちに嘘をつくことなどあるべきでなく、あるはずもないことなのだが、現実には国家が私たちに嘘をつくことが日常茶飯事になってしまっている。

主権者は選挙で代表者を選び、その代表者が主権者に代わって国家を動かす。したがって、国家の行動は主権者の意思と一致するべきものなのだ。しかし、その国家が大多数の主権者に牙を剝《む》く。

ＴＰＰは私たちの命や暮らしの根源を左右する重大性を持つ。選挙のポスターに「ＴＰＰ断固反対」と大書してあれば、誰しもが、ＴＰＰ反対の意思表示だと考える。

国会で「自分や妻が関わっていたら総理大臣も国会議員も辞める」と明言したなら、誰しもがその言葉を信用するものだ。ところが、これらの言葉はすべて嘘だった。民主主義の主人公である主権者は、自分たちが生み出したはずの国家という存在に蹂躙《じゅうりん》されてしまっている。

電通で過労死された方の事例がメディアで大きく取り上げられたことも、結果から振り返れば、安倍内閣が「働かせ方改悪」の悪法を強行制定するための手段に過ぎなかったことになる。消費税増税では財政再建と社会保障制度維持のための施策という、これまた真っ赤な嘘が流布されて、大手を振ってまかり通っている。

嘘がまかり通る背景に、権力によるメディア支配があることも見落とせない。「国家はいつも嘘をつく」現実を知るだけでは、何の解決にもならない。この現実を知り、この状況を打破するための方策を明らかにし、行動することが必要不可欠だ。私たちの、私たちによる、私たちのための政府を樹立して、嘘をつかない国家を構築することが、目指すべきゴールである。

本書に記した真実を一人でも多くの人々と共有し、日本政治刷新を実現するために、想いを共有するすべての人々と連帯して行動してゆきたいと思う。

最後に、鳩山由紀夫元内閣総理大臣、原中勝征前日本医師会会長、山田正彦元農林水産大臣をはじめ、「オールジャパン平和と共生」の連帯運動に尽力くださっているすべてのみなさまにこの場を借りて深く感謝の意を表したい。また、本書執筆に際して、極めて的確なご助言、ご指導を賜った祥伝社新書編集部に衷心より感謝の意を表したい。

2018年11月

植草一秀

切りとり線

★読者のみなさまにお願い

この本をお読みになって、どんな感想をお持ちでしょうか。祥伝社のホームページから書評をお送りいただけたら、ありがたく存じます。今後の企画の参考にさせていただきます。また、次ページの原稿用紙を切り取り、左記まで郵送していただいても結構です。

お寄せいただいた書評は、ご了解のうえ新聞・雑誌などを通じて紹介させていただくこともあります。採用の場合は、特製図書カードを差しあげます。

なお、ご記入いただいたお名前、ご住所、ご連絡先等は、書評紹介の事前了解、謝礼のお届け以外の目的で利用することはありません。また、それらの情報を6カ月を越えて保管することもありません。

〒101-8701（お手紙は郵便番号だけで届きます）
祥伝社新書編集部
電話03（3265）2310
祥伝社ホームページ　http://www.shodensha.co.jp/bookreview/

★本書の購買動機（新聞名か雑誌名、あるいは○をつけてください）

＿＿＿＿新聞の広告を見て	＿＿＿＿誌の広告を見て	＿＿＿＿新聞の書評を見て	＿＿＿＿誌の書評を見て	書店で見かけて	知人のすすめで

★100字書評……国家はいつも嘘をつく

名前

住所

年齢

職業

植草一秀　うえくさ・かずひで

1960（昭和35）年、東京都生まれ。東京大学経済学部卒。大蔵省財政金融研究所研究官、京都大学助教授、スタンフォード大学フーバー研究所客員フェロー、野村総合研究所主席エコノミスト、早稲田大学大学院教授、名古屋商科大学教授を経て現在、スリーネーションズリサーチ株式会社＝TRI代表取締役。オールジャパン平和と共生運営委員。
『日本の総決算』（講談社）『現代日本経済政策論』（岩波書店）『知られざる真実』（明月堂書店）『日本の真実』（飛鳥新社）『日本経済復活の条件』（ビジネス社）『売国者たちの末路』（副島隆彦氏との共著・祥伝社）など多数の著作を発表する一方、ブログやメールマガジンで政治・経済・社会問題について発信し、旺盛な言論活動を続けている。

国家《こっか》はいつも嘘《うそ》をつく
――日本国民《にほんこくみん》を欺《あざむ》く9のペテン

植草一秀《うえくさかずひで》

2018年12月10日　初版第1刷発行
2019年2月15日　第3刷発行

発行者……………辻 浩明
発行所……………祥伝社《しょうでんしゃ》
〒101-8701　東京都千代田区神田神保町3-3
電話　03(3265)2081(販売部)
電話　03(3265)2310(編集部)
電話　03(3265)3622(業務部)
ホームページ　http://www.shodensha.co.jp/

装丁者……………盛川和洋
印刷所……………萩原印刷
製本所……………ナショナル製本

Printed in Japan　ISBN978-4-396-11555-5　C0230

〈祥伝社新書〉
この国を考える

508
憂国論
戦後日本の欺瞞《ぎまん》を撃つ
対米従属が加速、日本はますます「堂々たる売国」に向かっている
政治活動家 鈴木邦男
政治学者・思想史家 白井聡

499
憲法が危ない！
改憲運動に半生を捧《ささ》げた理論派右翼はなぜ今、異議を申し立てるのか
鈴木邦男

351
英国人記者が見た
連合国戦勝史観の虚妄
滞日50年のジャーナリストはなぜ歴史観を変えたのか。10万部突破！
ジャーナリスト ヘンリー・S・ストークス

481
アメリカ側から見た
東京裁判史観の虚妄
「ヴェノナ文書」が明かす日米開戦の真実。アメリカで進む、歴史観の転換
評論家 江崎道朗

492
世界が認めた「普通でない国」日本
憲法9条は「ジャパニーズ・ドリーム」、天皇は「日本の良心」だ！
前・ニューヨーク・タイムズ東京支局長 マーティン・ファクラー